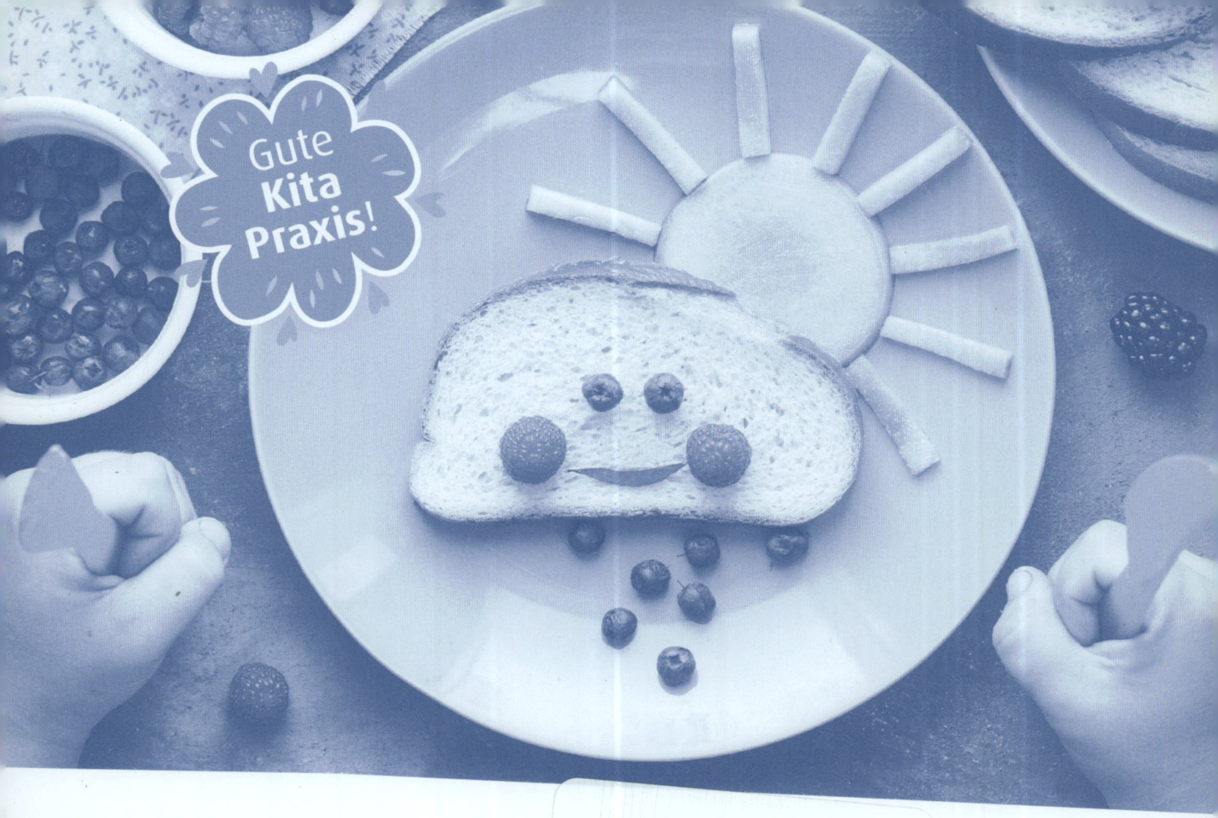
Gute
Kita
Praxis!

Silke Hubrig

ERNÄHRUNGSBILDUNG IM ALLTAG

Gesundheitsförderung in der Kita ganz praktisch

Verlag an der Ruhr

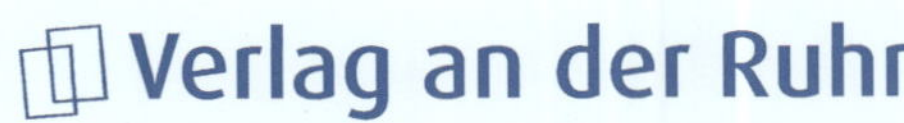

IMPRESSUM

Titel

Gute Kitapraxis!

Ernährungsbildung im Alltag

Gesundheitsförderung in der Kita ganz praktisch

Autorin

Silke Hubrig

Umschlagmotive

Foto: © Anastasia_Panait – Shutterstock.com; Illustration: © Maria Skrigan – Shutterstock.com
Blume: © KatyaKatya – stock.adobe.com

Motive im Innenteil

Icons Glühbirne, Ausrufezeichen und „Mach mit"-Icon: © reeel – stock.adobe.com;
Illustrationen: alle von © Maria Skrigan – Shutterstock.com,
außer auf S. 11, S. 19, S. 89: © Mountain Brothers – Shutterstock.com
und S. 90, 91: © Anja Boretzki

Lektorat

Juliane Baumann

Druck

Athesia Druck GmbH, Bozen, IT

Verlag an der Ruhr
Mülheim an der Ruhr
www.verlagruhr.de

Geeignet für Kinder von 3–6 Jahren

ISBN 978-3-8346-4791-7

INHALT

INHALT

Vorwort

Ernährung ist ein existenzielles, menschliches **Grundbedürfnis**. Täglich nimmt jeder Mensch Nahrung in Form von Essen und Trinken auf, um leben zu können. Kinder nehmen durch eine gesunde Ernährung die Nährstoffe und Energie auf, die sie für ihr Wachstum und ihre Entwicklung brauchen.

Gesunde Ernährung hat, neben ausreichend Bewegung und Entspannung, einen wichtigen Anteil an einer **gesunden, ganzheitlichen Entwicklung.** Sie wirkt präventiv Erkrankungen vor, die mit ungesunder Ernährung einhergehen können. Das können beispielsweise Herz-Kreislauf-Erkrankungen, Bluthochdruck oder Diabetes sein. Eine anhaltend schlechte Ernährung kann lebenslange Folgen mit sich bringen.

Das **Elternhaus** beeinflusst wesentlich die Ernährungsgewohnheiten von Kindern und ist für die gesunde Ernährung hauptsächlich verantwortlich. Dennoch profitieren Kinder auch sehr davon, wenn sie ebenso in der **Kita** an eine gesunde Ernährung herangeführt werden. Durch das tägliche, gemeinsame Erleben und Ausprobieren von verschiedenen Lebensmitteln, die geregelten Mahlzeiten und gezielte, spielerische Angebote lernen Kinder einen selbstverständlichen Umgang mit dem Thema kennen. Dabei können wichtige Weichen für eine ausgewogene Ernährung, auch in späteren Lebensjahren, gestellt werden.

Die meisten Kinder wissen bereits früh, dass Schokolade und Gummibärchen ungesund sind und es dagegen gut für sie ist, viel Obst und Gemüse zu essen. Das **Wissen um ungesunde und gesunde Nahrungsmittel** scheint allerdings nicht auszureichen, um Kinder vor einer falschen Ernährungsweise gänzlich zu schützen.

GUT ZU WiSSEN

Laut einer Studie des Robert-Koch-Instituts leidet inzwischen ca. jedes siebte Kind in Deutschland an Übergewicht, wodurch sich andere Erkrankungen entwickeln können.

(Vgl. KiGGS 2018)

Kinder wählen in der Regel ein Lebensmittel nicht aus, weil sie wissen, dass es gesund ist. Sie möchten die Lebensmittel essen und trinken, die ihnen gut schmecken. Im **Vorschulalter** sind sie bereits gut in der Lage, die Vor- und Nachteile verschiedener Ernährungsweisen zu verstehen. Wichtige Informationen dazu können sie am besten über **spielerisches, neugieriges Entdecken** und **Experimentieren** aufnehmen und verinnerlichen, nicht über die rein kognitive Wissensvermittlung.

Für die Ernährungsbildung in der Kita bedeutet das, dass Kinder spielerische, erlebnisorientierte, sensorische **Angebote und Impulse** in der Gruppe brauchen, um sich das Thema möglichst nachhaltig zu erschließen. Die Eingruppierungen in gute/schlechte Lebensmittel oder erlaubte/verbotene Lebensmittel sind dabei völlig fehl am Platz. Grundlegendes Wissen über Ernährung kann Kindern anhand der Ernährungspyramide spielerisch deutlich gemacht werden. Ernährungsbildung in der Kita soll Freude machen und für alle Beteiligten bereichernd sein.

In diesem Buch finden Sie viele Anregungen, wie Sie Kindern einen **selbstverständlichen Umgang mit gesunder Ernährung** vermitteln können. Sie finden einfache Angebote, die unkompliziert und ohne oder mit sehr geringem Material- und Vorbereitungsaufwand im Kita-Alltag umgesetzt werden können. Im Vordergrund stehen dabei immer der Genuss, die Spielfreude und das entdeckende Lernen der Kinder. Viel Spaß beim gemeinsamen Ausprobieren!

1.

ERNÄHRUNGSBILDUNG IN DER KITA – GRUNDLAGEN

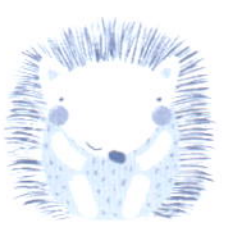

„Essen und Trinken“ statt „gesunde Ernährung“

Kinder vom Genuss bestimmter Lebensmittel zu überzeugen, nur weil diese gesund für sie sind, ist wenig zielführend. Häufig entscheiden sich Kinder nicht für ein bestimmtes Lebensmittel, weil es gesund ist, sondern weil es ihnen gut schmeckt. Deshalb ergibt es nicht viel Sinn, bei der Ernährungsbildung in der Kita die Begriffe „gesund“ und „nicht gesund“ in den Vordergrund zu stellen und damit zu argumentieren.

Kinder wissen in der Regel, dass zu viel Zucker und Süßigkeiten nicht gesund für sie sind, Gemüse hingegen aber schon. Bei manchen Kindern setzt sich schon früh die Aussage fest: „Was gesund ist, mag ich nicht gern essen“. Manche bekommen auch ein schlechtes Gefühl, wenn sie ein Stück Schokolade genießen. Nahrungsaufnahme soll immer **genussvoll** sein und Ernährungsbildung soll auch mit Genuss in Verbindung gebracht werden – und nicht mit gesunden, guten und ungesunden, schlechten Lebensmitteln. Dies passt zum Gesundheitsbegriff, den die Weltgesundheitsorganisation WHO folgendermaßen definiert:

GUT ZU WISSEN

„Gesundheit“ bedeutet nicht, nicht krank oder gebrechlich zu sein. Vielmehr bezeichnet Gesundheit einen subjektiven Zustand, in dem sich ein Mensch sowohl körperlich als auch psychisch und sozial wohlfühlt (vgl. Teichert 2019). So ist es beispielsweise möglich, dass sich ein Mensch mit einer körperlichen Behinderung rundum gesund fühlt, während sich ein psychisch extrem belasteter, aber körperlich gesunder Mensch krank fühlen kann.

Damit ist Gesundheit nicht für jeden Menschen gleichermaßen festzulegen, sondern ein rein **subjektives Empfinden.** Einem Kind zu erläutern, dass Vollkornbrot gesund ist und Weißbrot ungesund, hilft dem Kind, welches kein Vollkornbrot kennt, weil die Eltern es nicht mögen und nicht kaufen, sehr wenig. Selbstverständlich ist es gut, wenn Kinder Vollkornprodukte in der Kita kennenlernen, weil diese viele gesundheitsförderliche Nährstoffe liefern. Aber diese als gesund zu bezeichnen, während das, was das Kind von zu Hause kennt, als ungesund abgewertet wird, ist wenig förderlich. Bei einer bedürfnisorientierten Ernährungsbildung in der Kita geht es um die Wissensvermittlung sowie das **Kennenlernen von gesundheitsförderlichen Lebensmitteln** – und zwar genussvoll mit allen Sinnen.

Auch die Verwendung des Begriffes „Ernährung“ ist im Kita-Alltag nicht angebracht. Mit Ernährung befassen sich Expert*innen.* In der Kita geht es um die regelmäßige Aufnahme von **Essen und Trinken**. Wenn wir an Ernährung denken, fallen den meisten Erwachsenen häufig bestimmte Ideologien (z. B.: Fleischverzicht ist besser für das Weltklima und die Tiere), Reglementierungen (z. B.: wenig Fett, möglichst kein Zucker, kein Weißmehl) und Genussfeindlichkeit (z. B.: schlechtes Gewissen, wenn man noch ein zweites Stück Torte mit Sahne gegessen hat) ein. Denken wir hingegen an die Begriffe „Essen und Trinken“, so reduzieren sich unsere Assoziationen auf die notwendige, **alltägliche Nahrungsaufnahme**. Diese schließt ein breites Spektrum an Möglichkeiten ein, das von einem bewussten, ausgewogenen Frühstück mit der Familie bis hin zu Chipsessen mit Freund*innen auf dem Sofa reichen kann.

Die Ernährungssituation von Kindern

Was essen und trinken Kinder heutzutage? Wie ernähren sie sich in Deutschland? Selbstverständlich sind diese Fragen nicht für jedes einzelne Kind zu beantworten. Ernährungsweisen hängen von so vielen Faktoren ab, die gar nicht zusammenfassend in ein paar Sätzen genannt werden können. Die gesundheitlichen Folgen einer ungesunden Ernährung hingegen lassen sich in Zahlen ausdrücken:

GUT ZU WISSEN

15,4 Prozent der 3- bis 17-jährigen Kinder in Deutschland sind übergewichtig. Davon werden rund sechs Prozent als adipös (krankhaft übergewichtig) eingestuft.

(Vgl. KiGGS 2018)

Dass die Folgen von **Übergewicht** nicht nur körperlich sind, wissen alle, die mit Kindern zu tun haben. Die übergewichtigen Kinder haben auch ein großes psychisches – und oft auch soziales – Leid zu tragen. Dennoch wird an der gesundheitsschädlichen Ernährung noch viel zu wenig geändert. Ursache dafür kann u. a. sein, dass die Lebensmittelindust-

* Der Verlag an der Ruhr legt großen Wert auf eine geschlechtergerechte und inklusive Sprache. Daher nutzen wir das Gendersternchen, um sowohl männliche und weibliche als auch nichtbinäre Geschlechtsidentitäten einzuschließen. Alternativ verwenden wir neutrale Formulierungen.

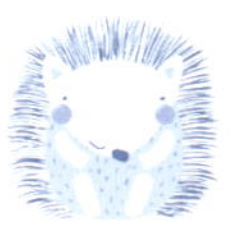

rie mit vielen Tricks arbeitet, um ihre Produkte gut zu verkaufen und ansehnlich aussehen zu lassen. Jede*r weiß, wie ungesund der Konsum von zu viel Zucker und zu viel Fett für uns Menschen sein kann. Die Werbung für Lebensmittel weiß das allerdings gut zu vertuschen. Jedenfalls springt keinem Kind oder Elternteil sofort der hohe Zuckeranteil eines Produktes ins Auge.

Für viele Kinder stellt sich allerdings nicht die Frage, was sie genau essen, sondern ob sie überhaupt Essen haben. Manche haben schlichtweg nicht genug, um satt zu werden. Der Berufsverband der Kinder- und Jugendärzte gibt an, dass in Deutschland ungefähr 500.000 Kinder regelmäßig an Hunger leiden, der nicht gestillt werden kann (vgl. BVKJ 2011). Das hat natürlich gravierende **körperliche gesundheitliche Folgen,** wie etwa eine Unterentwicklung des Gehirns und der Muskulatur durch Eiweißmangel. Ständiger Hunger beeinflusst die Gedanken und hat auch Auswirkungen auf die soziale Gesundheit und Entwicklung der Kinder. Dass eine Kitafreundin beispielsweise zum Abendessen eingeladen werden kann, ist bei prekären, finanziellen Verhältnissen weniger wahrscheinlich.

Darüber hinaus gibt es weitere, gravierende **Krankheiten**, die sich als Folge einer gesundheitsschädlichen Ernährung bei Kindern ergeben können. Beispiele hierfür sind Karies oder Diabetes (vgl. WHO/Europa 2011). Zu wenig Essen und Trinken sowie ernährungsbedingte Krankheiten wirken sich negativ auf die aktuelle Lebenssituation und die private und berufliche Zukunft der Betroffenen aus.

Die Ernährungspyramide

Es ist anzunehmen, dass der Körper mit den für seine Entwicklung notwendigen Nährstoffen ausreichend versorgt wird, wenn sich der Mensch **abwechslungsreich und ausgewogen** ernährt. In Deutschland sind wir in der glücklichen Situation, dass wir ein sehr großes Angebot an Nahrungsmitteln haben. Ein mittelgroßer Supermarkt hat zum Beispiel mehr als 10.000 unterschiedliche Lebensmittel in seinem Sortiment. Bei uns Konsument*innen liegt dann die Entscheidung, was wir im Sinne einer gesunden Ernährung auswählen. Aber wonach sollen wir das tun? Das Bundeszentrum für Ernährung hat hierfür die sogenannte **Ernährungspyramide** entwickelt. Diese gibt Orientierung, wonach die Nahrungsmittel für eine vielfältige Ernährung und ausreichende Nährstoffaufnahme auszuwählen sind. (Vgl. BZfE 2020)

Die Ernährungspyramide unterteilt **Lebensmittel verschiedener Gruppen** und präsentiert sie auf sechs Ebenen in Form einer Pyramide. Symbolisch wird jede Lebensmittelgruppe dargestellt. Die Anzahl der Kästchen verdeutlicht die empfohlene Mengenangabe. Ein Kästchen ist eine Portion. Eine Portion bedeutet eine Handvoll. Das Maß wächst also mit, denn eine Kinderportion sollte kleiner als eine Portion für eine*n Jugendliche*n oder Erwachsene*n sein.

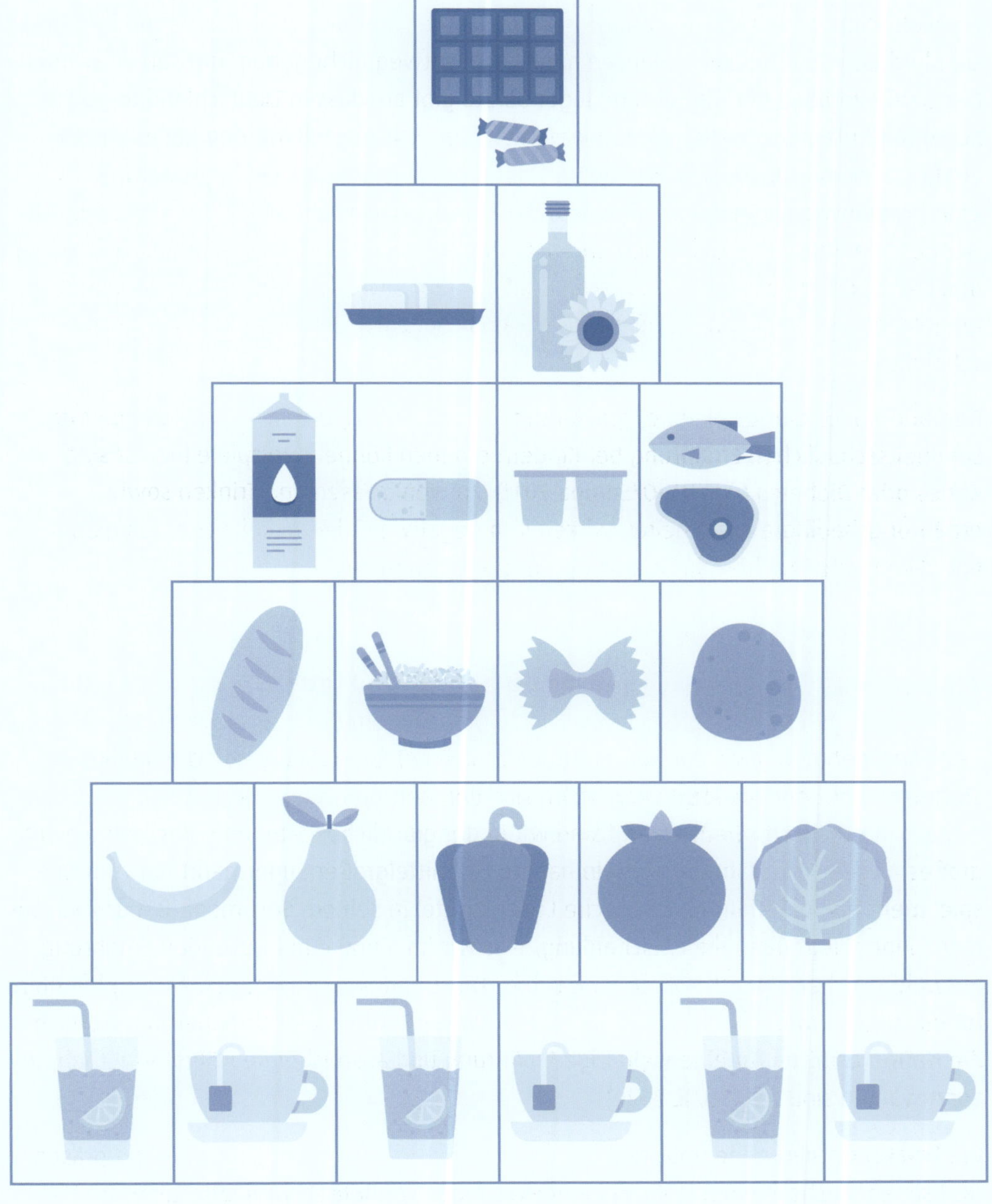

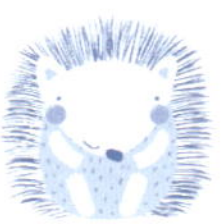

Erläuterung der einzelnen Stufen der Ernährungspyramide

- **Ebene 1:** Die Grundlage bilden **Getränke**. Täglich sind sechs Gläser empfohlen, was insgesamt 1,5 Liter entspricht. Mit Getränken sind Wasser, ungesüßte Tees und Kaffee ohne Milch und Zucker gemeint. Limonaden (Softdrinks) zählen wegen des hohen Zuckergehalts zu den Süßigkeiten und Milch oder Kakao zu den Milchprodukten.
- **Ebene 2:** Die zweite Ebene umfasst **pflanzliche Lebensmittel**. Es werden täglich drei Portionen Gemüse und zwei Portionen Obst empfohlen. Eine Portion Obst kann auch gegen eine Portion Nüsse ausgetauscht werden.
- **Ebene 3:** Die dritte Ebene umfasst alle **Getreideprodukte**, wie Brot, Reis oder Nudeln, sowie Kartoffeln. Es ist zu Vollkornprodukten zu raten, denn durch deren Verzehr nimmt der Mensch wichtige Ballaststoffe auf. Vier Portionen sind dabei empfohlen.
- **Ebene 4:** Die vierte Ebene bilden **tierische Lebensmittel**, wie Milch, Fisch, Fleisch und Eier. Es sollten täglich drei Portionen Milch oder Milchprodukte verzehrt werden, um ausreichend Kalzium, B-Vitamine und Eiweiß aufzunehmen. Daneben ist täglich eine Portion Fisch oder Fleisch zu empfehlen. Fleisch/Wurst sollte möglichst fettarm sein. Eiweiß, Fett und Omega-3-Fettsäuren sollten durch Fisch, wie Hering oder Lachs, höchstens 2- bis 3-mal pro Woche gegessen werden.
- **Ebene 5:** Auf der fünften Ebene befinden sich **Öle und Fette**. Der Körper ist nicht in der Lage, essenzielle Fettsäuren selbst zu produzieren. Deshalb muss der Mensch sie zu sich nehmen. Zwei Portionen pro Tag sind empfohlen. Mit einer Portion sind ein Esslöffel Öl oder zwei Esslöffel Streichfett bzw. Butter gemeint. Wertvolle Fettsäuren enthalten pflanzliche Öle, wie Oliven-, Sonnenblumen- oder Rapsöl.
- **Ebene 6:** Die Spitze der Pyramide bilden **Süßigkeiten, Snacks und Knabbereien** sowie Softdrinks und alkoholische Getränke. Diese Lebensmittel enthalten nur wenig Nährstoffe und viel Zucker, Salz oder/und Fett. Deshalb sollte höchstens eine Portion davon täglich aufgenommen werden.

Stoffe, die der Körper braucht

Im Folgenden werden Nährstoffe und andere wichtige Elemente beschrieben, die der Mensch zum Leben braucht und die er aus der Nahrung aufnimmt. (Vgl. Verbraucherzentrale 2020, Vitamine und Mineralstoffe für Kinder)

Vitamine

Es wird zwischen zwei Arten von Vitaminen unterschieden: den fettlöslichen und den wasserlöslichen Vitaminen.

Fettlösliche Vitamine können vom menschlichen Körper nur aufgenommen und gespeichert werden, wenn gleichzeitig Fette (z. B.: Öl) gegessen werden. Folgende Vitamine zählen dazu:

- **Vitamin A** ist für die Funktion und den Schutz der Haut, der Augen und der Schleimhäute wichtig. Es ist in tierischen Lebensmitteln, beispielsweise in Fisch, Eigelb, Milch oder Leber enthalten. In gelbem oder orangefarbenem Obst und Gemüse ist ein Vitamin enthalten, das eine Vorstufe des Vitamin A ist. Diese Vorstufe kann der Körper selbstständig in das Vitamin A verwandeln, sofern das Lebensmittel gleichzeitig mit Fett gegessen wird (z. B.: etwas Öl zu gekochten Möhren geben).
- **Vitamin D** ist für gesunde Knochen und Zähne relevant. Es wird durch Lebensmittel wie Ei oder fettreichen Seefisch (z. B.: Lachs oder Hering) aufgenommen. Der Körper ist auch in der Lage, durch Sonnenlicht Vitamin D zu bilden (täglich mindestens 10–15 Minuten im Freien aufhalten).
- **Vitamin E** ist wichtig für das Immunsystem des Menschen. Zudem wirkt es entzündungshemmend. Vitamin E ist in pflanzlichen Ölen, Vollkornprodukten und Nüssen enthalten.
- **Vitamin K** wird für die Blutgerinnung gebraucht. Fehlt es, so kann es bei kleinen Verletzungen zu starken Blutungen kommen. Deshalb bekommen Neugeborene präventiv eine Dosis Vitamin K zugeführt. Vitamin K steckt in Eiern, Getreideprodukten und Gemüsesorten, wie Brokkoli, Spinat oder Weißkohl.

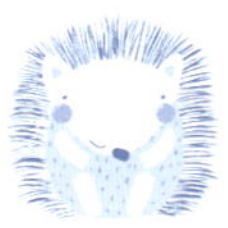

Wasserlösliche Vitamine können vom menschlichen Körper nicht gespeichert werden. Alles, was zu viel an diesen Vitaminen aufgenommen wird (mit Ausnahme von B12), wird mit dem Urin aus dem Körper transportiert. Diese Vitamine zählen dazu:

- **Vitamin B1** ist wichtig für die Energiegewinnung des Menschen. Es ist in Vollkornprodukten, Schweinefleisch und Hülsenprodukten enthalten.
- **Vitamin B2** ist bedeutend für eine gesunde Haut, Augen sowie Finger- und Fußnägel. Außerdem trägt es zum gesunden Wachstum des Körpers bei. Es kommt insbesondere in tierischen Produkten wie Leber, Milch sowie Gemüse vor.
- **Vitamin B3** ist beim Auf- und Abbau von Fett, Eiweiß und Kohlenhydraten beteiligt. Es kommt in Nüssen, Fleisch, Vollkornprodukten und Hülsenfrüchten vor.
- **Vitamin B5** hilft gegen Erkrankungen der Schleimhaut und beim Abbau von Fett, Eiweiß und Kohlenhydraten. Es befindet sich in Fleisch, Gemüse und Vollkornprodukten.
- **Vitamin B6** ist bei der Eiweißverdauung und der Entgiftung bedeutsam. Es ist in Fleisch, Fisch, Vollkornprodukten und Hülsenfrüchten enthalten.
- **Vitamin B7** oder auch Biotin genannt, trägt zu einer gesunden Haut und gesunden Haaren bei. Zudem unterstützt es bestimmte Stoffwechselvorgänge im Körper. Es ist in Eiern und Innereien enthalten.
- **Folsäure** ist wichtig für alle Zellwachstums- und Entwicklungsprozesse im Körper, denn es unterstützt maßgeblich die Blutbildung. Es befindet sich in grünem Blattgemüse, Vollkornbrot, Hülsenfrüchten und Leber.
- **Vitamin B12** kann im Gegensatz zu den eben genannten Vitaminen vom Körper gespeichert werden. Es ist wichtig für die Bildung von roten Blutkörperchen und Zellkernen. Vitamin B12 kommt in allen tierischen Lebensmitteln vor.
- **Vitamin C** unterstützt das Immunsystem und fördert die Wundheilung. Es kommt in Obst, Gemüse und Kartoffeln vor.

Mineralstoffe

Bei den Mineralstoffen handelt es sich um lebensnotwendige Nährstoffe, die der Körper nicht selbst herstellen kann. Sie müssen durch die Nahrung aufgenommen werden. Die Mineralstoffe werden in zwei wesentliche Dimensionen eingeteilt: die Mengen- und Spurenelemente.

Zu den **Mengen-** oder auch **Makroelementen** gehören u. a.:

- **Calcium** hilft beim Aufbau von Knochen und Zähnen und der Regulierung des Herzschlags und anderer Muskelkontraktionen. Für Kinder ist Calcium besonders wichtig, da sich ihr Skelett noch im Aufbau befindet. Alle Milchprodukte, Nüsse, calciumreiches Mineralwasser und dunkelgrünes Gemüse (z. B.: Brokkoli) sind gute Calciumlieferanten.
- **Chlor** reguliert den Wasser- und den Säure-Basen-Haushalt. Unsere vorrangige Chloridquelle ist Koch- oder Meersalz.
- **Kalium** spielt bei der Regulierung des Wasserhaushaltes eine große Rolle. Zudem ist es wichtig für die Funktion des Herzens. Kalium ist in Milchprodukten, Bananen, Kartoffeln, Fleisch und Fisch vorhanden.
- **Magnesium** senkt den Cholesterinspiegel, beugt Krämpfen vor und wirkt bei Stress regulierend. Nüsse, Bananen, Gemüse, Haferflocken und andere Getreideprodukte enthalten Magnesium.
- **Natrium** ist an der Regulation des Wasserhaushaltes und des Blutdruckes beteiligt. Es kommt in Schinken, Fleisch und einigen Gemüsesorten vor.
- **Phosphor** trägt zur Energiegewinnung und dem Erhalt von Knochen und Zähnen bei. Es kommt in Kartoffeln, Brot, Milch und Fleisch vor.

Zu den **Spuren-** oder auch **Mikroelementen** zählen u. a.:

- **Eisen** ist ein Bestandteil des roten Blutfarbstoffes und maßgeblich an der Sauerstoffversorgung beteiligt. Es findet sich vor allem in Fleisch, aber auch in Vollkornprodukten, Nüssen und grünem Gemüse. Die Aufnahme von Eisen aus tierischen Produkten ist für den Körper einfacher. Zu eisenhaltigen Speisen sollte gleichzeitig eine Zutat bzw. Beilage mit viel Vitamin C gehören, da Vitamin C die Eisenaufnahme optimiert.

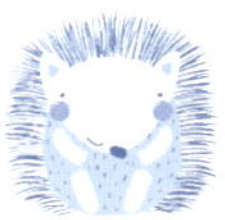

- **Jod** trägt zu einer optimalen Funktion der Schilddrüse und somit zu einem ausgeglichenen Hormonhaushalt bei. Insgesamt sorgt der Verzehr von Seefisch und Milchprodukten sowie die Verwendung von jodiertem Speisesalz zu einer optimalen Jodversorgung.
- **Selen** ist an verschiedenen Stoffwechselprozessen beteiligt. Es bindet freie Radikale, ist Bestandteil von Proteinen und mitverantwortlich für die Gewebeelastizität. Zu finden ist es in tierischen Produkten und Nüssen.
- **Zink** stärkt das Immunsystem und ist wichtig für die Haut und das Bindegewebe. Es ist in Getreide, Hülsenfrüchten, Innereien und Milchprodukten enthalten.
- **Fluor** ist für die Gesundheit von Knochen und Zähnen sowie die Wundheilung mitverantwortlich. Neben der Verwendung von fluoridhaltiger Zahnpasta wird es auch über Mineralwasser und Tee aufgenommen. Eine weitere Quelle kann fluoridiertes Speisesalz sein.

Was macht der Körper mit der Nahrung?

Die Nährstoffe aus der Nahrung gelangen durch ein **komplexes Verdauungssystem** in unseren Körper. Die Nahrung wird im Mund durch das Kauen mit den Zähnen zerkleinert und mit dem Speichel vermischt. Wenn der Mensch schluckt, dann rutscht der Nahrungsbrei die Speiseröhre hinab in den Magen. Durch die Säure im Magen wird der Nahrungsbrei teilweise verdaut und Bakterien werden abgetötet. Anschließend wandert der Speisebrei in den Zwölffingerdarm, in dem die Säure wieder abgebaut wird. Dazu kommen weitere Säfte aus der Leber und der Bauchspeicheldrüse. Der nun flüssige Nahrungsbrei wandert durch den Dünndarm, wo er weiter in kleine Teile zerlegt wird. Diese werden in den Blutkreislauf aufgenommen. Durch den Blinddarm wandert der dünnflüssige Brei in den Dickdarm. Im Dickdarm wird ihm das Wasser entzogen und zu Kot eingedickt. Weiter geht es in den Enddarm. Dort bleibt er, bis er auf der Toilette ausgeschieden wird. (Vgl. Floto-Stammen 2009, S. 9 ff.)

MACH MIT!

1. **Abhören der Bauchgeräusche mit einem Stethoskop:** Dabei kann man die Muskulatur des Magens und des Darms arbeiten hören. Kinder mögen es gern, das Ohr auf den Bauch eines liegenden Freundes oder einer Freundin zu legen und die Geräusche zu hören. Erzählt der Bauch etwas? Was geht da drinnen vor?

2. **Essen im Kopfstand:** Gelingt es, im Kopfstand zu essen, und kommt das Essen im Magen an? Das lässt sich ausprobieren, indem sich ein Kind bäuchlings über einen Stuhl legt und den Kopf Richtung Boden hängen lässt. Es kann auch mit Ihrer Hilfe einen Kopfstand machen. Nun wird es mit einem mundgerechten Happen, wie etwa einem Stück Banane, gefüttert. Die Banane wird gekaut und geschluckt – und kommt tatsächlich im Magen an. Das funktioniert, weil die zerkaute Banane durch die Speiseröhre geschoben wird. Dabei zieht sie sich hinter dem Speisebrei stets zusammen, sodass eine Art Welle durch den Muskelschlauch verläuft. Muskelkraft, die wir nicht willentlich beeinflussen können, schiebt die Nahrung also zum Magen.

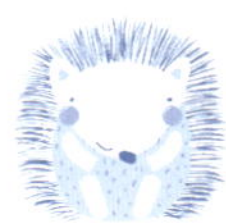

Essen ist mehr als Nährstoffe aufnehmen

MACH MIT!

Impulsfrage zum Einstieg: Sammeln Sie mit den Kindern Begriffe, die einem spontan zu folgendem Satz in den Sinn kommen: „Essen bedeutet für mich ...“ Vielleicht werden Sie zusammen feststellen, dass die Sättigung nicht die einzige Funktion des Essens darstellt. Viele unterschiedliche Antworten sind möglich, wie z. B.:

- satt werden,
- mit Freund*innen zusammen sein,
- Stress,
- Trost,
- Kalorien zählen,
- Genuss,
- Zeit für mich,
- Pflicht,
- Freude.

Essen bedeutet mehr als die pragmatische Nahrungsaufnahme, um den Körper mit lebensnotwendigen Nährstoffen zu versorgen. Es werden nicht nur körperliche Bedürfnisse durch Essen befriedigt, sondern auch **kulturelle, psychische und soziale Bedürfnisse.** Ein bestimmter Umgang mit der Nahrungsaufnahme findet sich wahrscheinlich in jeder menschlichen Kultur. Auch Religionen und Weltanschauungen sind mit Bräuchen oder Traditionen der Nahrungsaufnahme verbunden. So nehmen beispielsweise Musliminnen und Muslime kein Schweinefleisch zu sich und Menschen, die das Essen von Fleisch als Tierquälerei betrachten, essen fleischfrei. Zu besonderen Anlässen, werden bestimmte Mahlzeiten eingenommen oder es wird auch aus religiösen Gründen gefastet.

Essen hat einen sehr hohen sozialen Stellenwert. **Gemeinsame Nahrungsaufnahme** gehörte schon immer zu den Ritualen des menschlichen Zusammenlebens. In der Familie werden heutzutage in der Regel auch gemeinsame Mahlzeiten eingenommen. Die Familienmitglieder treffen sich und essen nicht nur, sondern reden nebenbei über das, was sie bewegt. Essen ist ein **kommunikatives Erlebnis.** Wenn alle dasselbe essen, wirkt es verbindend. Durch Verabredungen zum Essen werden auch soziale Kontakte zu Freund*innen gepflegt. Manchmal wird ein gemeinsames Essen dafür genutzt, wichtige

Dinge zu besprechen. Ob Familienfeste, Treffen mit Freund*innen, Geburtstags- oder Hochzeitsfeste – ein besonderes Essen ist bei all diesen Treffen gegenwärtig. Das Essen ist hier mit **sozialen und kulturellen Regeln** verbunden. Eine Goldene Hochzeit wird zum Beispiel in der Regel nicht in einem Fastfood-Restaurant gefeiert und beim Kindergeburtstag gibt es einen Geburtstagskuchen.

Psychologisch betrachtet, ist Essen sehr vielschichtig. Mit dem Essen sind meistens auch **Gefühle** verbunden. Insbesondere bei Säuglingen ist die Nahrungsaufnahme mit positiven Emotionen (beim Stillen/Milchtrinken durch Nähe-Spüren und Ruhiger-Werden) verbunden. Auch später im Leben kann besonders leckeres Essen genussvoll eingenommen werden, wohingegen andere, nicht wohlschmeckende Speisen angewidert zur Seite geschoben werden. Redensarten, wie: „Liebe geht durch den Magen!“, „Ich habe dich zum Fressen gern.“, „Der lässt sich nicht die Butter vom Brot nehmen.“ oder „Das finde ich zum Kotzen!“, zeigen auch, dass Essen und unterschiedliche Gefühle miteinander in Verbindung stehen. (Vgl. Hofferer/Fölkl 2015)

Die Nahrungsaufnahme kann **Unabhängigkeit** bedeuten, denn jeder Mensch bestimmt selbst, was er aufnimmt oder nicht. Es kann **Lebenslust** ausdrücken, wenn Essen mit allen Sinnen genussvoll konsumiert wird. Aber auch Lustfeindlichkeit und **Kontrolle,** wenn Essen im hohen Maße abgemessen und berechnet wird oder der Mensch sich sogar bestraft (durch Sport oder Diät), wenn er nach subjektiver Meinung zu viel gegessen hat. Wer Essen so versteht, genau berechnet und abmisst, um dem Körper Nährstoffe zu liefern, hat die Psyche vergessen. Essen ist etwas **Sinnliches und Lustvolles.**
Es soll Freude machen. Essen kann Trösten, Essen kann Sicherheit vermitteln, aber auch Unsicherheiten und Ängste auslösen. Es gibt einen ganzen Wissenschaftszweig, die Ernährungspsychologie, die sich mit dem komplexen Zusammenhang von Essen und Gefühlen beschäftigt. Klar ist, dass Gefühle sich auf das Essverhalten auswirken. So isst jemand, der sehr gestresst ist, extrem wenig oder auch sehr viel. Das Essverhalten kann umgekehrt auch die Gefühle beeinflussen. So gibt es beispielsweise bestimmte Ernährungsweisen, die gegen depressive Verstimmungen u. Ä. helfen sollen.

Körperliche Gesundheit und psychisches Wohlbefinden

Wer sich ausgewogen ernährt, führt seinem Körper im richtigen Maß Energie und die Nährstoffe zu, die zum Leben benötigt werden. Eine **ausgewogene Ernährung** trägt nicht nur zur körperlichen Gesundheit bei, sondern auch zum psychischen und sozialen Wohlbefinden. Dies belegt eine Studie der Universität Göteborg, die mit ca. 7.700 Kindern im Alter von zwei bis neun Jahren durchgeführt wurde. Zu Beginn der Studie wurden die Eltern zu den Ernährungsgewohnheiten ihrer Kinder befragt. Dazu sollten sie auch das **Wohlbefinden** ihrer Kinder einschätzen. Aspekte wie Selbstvertrauen, Beziehung zu den Eltern, emotionale Probleme und Konflikte in der Kita und Schule wurden per Fragebogen ermittelt. Die Studie ergab, dass Kinder, die sich ausgewogen ernähren, ein höheres Selbstbewusstsein haben. Zudem haben sie weniger problematische Konflikte mit Gleichaltrigen. Eine Annahme der Wissenschaftler*innen ist, dass sich die in der ausgewogenen Ernährung enthaltenen Mikronährstoffe und Omega-3-Fettsäuren positiv auf das Wohlbefinden der Kinder auswirken können. Es konnten jedoch bisher noch keine ursächlichen Beziehungen nachgewiesen werden. (Vgl. Bundeszentrum für Ernährung 2020)

Geschlechterrollen und Essverhalten

Eine der Hauptentwicklungsaufgaben von Vorschulkindern ist die Entwicklung ihrer Geschlechtsidentität. Die Geschlechterrollen, die Jungen und Mädchen im Laufe ihrer Sozialisation erlernen, wirken sich auch auf das Essverhalten der Kinder aus. Lebensmittelprodukte, die gezielt Frauen und Männer ansprechen sollen, suggerieren, was Frauen oder Männer lieber essen oder essen sollten. So finden sich zum Beispiel häufig deftige Chips bei einem Männerabend und extra leichte Schokolade bei Frauentreffen. Das **gesellschaftliche Verständnis** von geschlechtstypischen Verhaltensweisen beeinflusst das Essverhalten von Männern und Frauen. Die mit bestimmten Produkten verbundenen Erwartungen haben einen Einfluss auf die Essensvorlieben von Männern und Frauen.

Unterschiedliches Essverhalten zeigt sich manchmal schon bei Kindern. Mädchen fangen häufig schon in jungen Jahren an, sich gesünder und kalorienbewusster zu ernähren als Jungen. Jungen essen mehr Fleisch als Mädchen. Vielleicht beginnt bereits hier das **erlernte Rollenverhalten**: Mädchen und Frauen sollen schlank und schön sein und Jungen und Männer sollen stark sein. Möglicherweise schauen sich die Kinder das nicht nur bei den Frauen und Männern ihrer Umgebung und in der Werbung ab, sondern sie werden auch unterschiedlich behandelt, was sich wiederum auf ihr Essverhalten auswirkt. So gibt die Oma dem Jungen eventuell das größere Schnitzel, weil er groß und stark werden soll, und beim Mädchen wird erwartet, dass es weniger isst. Die (meist unbewusste) geschlechtertypische Beeinflussung beim Essverhalten kann nicht nur im häuslichen Umfeld, sondern auch in Kitas vorkommen. Eine Studie zum Essverhalten von Kindern und Jugendlichen brachte hervor, dass sich Essgewohnheiten, die sich in jungen Jahren gebildet haben, meist im Erwachsenenalter nicht mehr verändern. (Vgl. Kinder- & Jugendärzte im Netz, Unterschiedliches Essverhalten 2004)

Selbstreflexion: Ernähre ich mich gesund?

Um das Essverhalten von Kindern positiv beeinflussen zu können, sollten pädagogische Fachkräfte sich selbst fragen, wie es um ihre persönlichen Ernährungsgewohnheiten steht. Diese Fragen eignen sich für eine Selbstreflexion:

- Bereite ich meine Mahlzeiten in der Regel frisch zu?
- Nehme ich mir ausreichend Zeit für mein Essen?
- Esse ich im Sitzen am Tisch?
- Esse ich bewusst und selten nebenbei?
- Esse ich täglich drei bis fünf Portionen Gemüse und Obst?
- Trinke ich 1,5 Liter Wasser bzw. ungesüßten Tee?
- Trinke ich höchstens einmal pro Woche Alkohol?
- Esse ich täglich Milchprodukte, wobei ich die fettarmen Produkte bevorzuge?
- Esse ich 2 bis 3-mal pro Woche Fleisch und fettarme Wurstprodukte?
- Esse ich ein- bis 2-mal pro Woche Seefisch?
- Esse ich Produkte aus Vollkorn und so wenig wie möglich aus Weißmehl?
- Kaufe ich bevorzugt regional angebaute und biologische Lebensmittel?
- Genieße ich mein Essen?
- Nehme ich wahr, wenn ich genug gegessen habe, und höre dann auf?

Je mehr Fragen mit Ja beantwortet werden können, desto ausgewogener ist die Ernährung.

SACHBUCHTIPPS FÜR KINDER

- *Bone, Emily:* **Aufklappen und Entdecken: Was passiert, wenn ich esse?** Usborne Verlag: Regensburg 2020
- *Pfeiffer, Anna:* **Mein Körper-Buch.** ArsEdition: München 2007

2.

ERNÄHRUNGSBILDUNG PRAKTISCH – IDEEN FÜR DEN KITA-ALLTAG

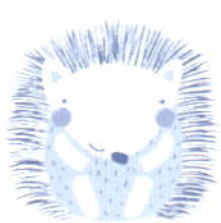

Was sind Lebensmittel?

GUT ZU WISSEN

Lebensmittel sind **pflanzliche oder tierische Stoffe und Produkte**, mit denen sich Menschen ernähren können. Diese Lebensmittel müssen ungiftig sein und der menschliche Körper muss in der Lage sein, diese zu verwerten. Manche Lebensmittel müssen erst bearbeitet werden, bevor sie vom menschlichen Körper zu verwerten sind (z. B.: Kartoffeln kochen). Was essbar und vom Menschen als genießbar eingestuft wird, ist auch immer vom subjektiven Geschmack eines Menschen und seiner kulturellen Prägung abhängig. (Vgl. Medienwerkstatt 2007) So ist es in Deutschland beispielsweise befremdlich, wenn wir Hundefleisch zum Mittagessen vorgesetzt bekämen. In mehreren ost- und südostasiatischen Ländern wird es jedoch als sehr hochwertiges Nahrungsmittel konsumiert.

Lebensmittelratespiel

Alter: ab 3 Jahren
Teilnehmer*innenzahl: ab 3 Kinder

Vorbereitung

Die Kinder sitzen im Kreis.

So geht's

Erklären Sie den Kindern zunächst, was Lebensmittel sind. Es geht um Dinge, die Menschen essen können. Beginnen Sie dann das Spiel mit dem Satz: „Heute essen wir …!“ und fügen Sie immer ein anderes Wort ans Ende ein. Wenn es sich dabei um ein Lebensmittel handelt, springen die Kinder auf, hüpfen auf der Stelle und rufen: „Mmh, lecker!“ Nennen Sie einen Begriff, der kein Lebensmittel ist, bleiben die Kinder sitzen und schütteln mit dem Kopf.

Einige Beispielsätze sind:

- Heute essen wir Bananen!
- Heute essen wir Kartoffeln!
- Heute essen wir Zahnpasta!
- Heute essen wir Nudeln!
- Heute essen wir unsere Brotdose!
- Heute essen wir einen Schlafanzug!
- Heute essen wir giftige Pilze!
- Heute essen wir Fisch!

Variation

Fordern Sie die Kinder auf, sich reihum weitere Sätze auszudenken. Sie können auch die Reaktionen der Kinder auf die Sätze verändern und sich andere Bewegungen einfallen lassen. Bestimmt haben die Kinder auch lustige Ideen dafür.

Was gehört wozu? Lebensmittelgruppen-Memo

Alter:	ab 3 Jahren
Teilnehmer*innenzahl:	2–4 Kinder
Das benötigen Sie:	2 Bilder von einem Produkt aus jeder Lebensmittelgruppe (s. S. 11), Pappe, Klebstoff, Schere, ggf. Laminiergerät

Vorbereitung

Bereiten Sie gleich große Memo-Karten vor. Kleben Sie jeweils zwei Bilder aus einer Lebensmittelgruppe auf zwei Karten. Wenn möglich, laminieren Sie die Karten. Achten Sie dabei auf scharfe Kanten, damit die Kinder sich beim Spiel mit den Karten nicht verletzen.

So geht's

Legen Sie die Karten verdeckt auf den Tisch. Das erste Kind beginnt und dreht zwei Karten um. Handelt es sich hierbei um dieselbe Lebensmittelgruppe, darf es das Kartenpaar an sich nehmen. Passen die Karten nicht zusammen, wird eine Karte wieder umgedreht. Die andere bleibt offen liegen. Danach ist das nächste Kind an der Reihe. Das Spiel ist zu Ende, wenn alle Karten aufgedeckt wurden. Wie viele Kartenpaare hat jedes Kind?

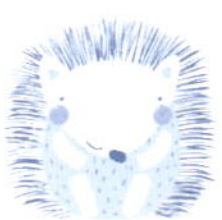

Variation

Passen die aufgedeckten Karten nicht zusammen, werden beide wieder umgedreht. Die Kinder müssen sich jetzt genau merken, an welcher Stelle die Karten liegen.

Was esst ihr gern?

Alter: ab 3 Jahren
Teilnehmer*innenzahl: ab 2 Kinder
Das benötigen Sie: Stühle

Vorbereitung

Bauen Sie einen Stuhlkreis auf.

So geht's

Die Kinder setzen sich auf die Stühle im Kreis. Beginnen Sie das Spiel, indem Sie sagen: „Alle Kinder, die gern … essen," Vervollständigen Sie den Satz mit einem Lebensmittel und der Bewegungsanweisung: „…, wechseln schnell die Plätze!" Alle Kinder, die das jeweilige Lebensmittel gern mögen, sollen dann so schnell wie möglich ihre Plätze wechseln.

Einige Beispielsätze sind:

- Alle Kinder, die gern Brot essen, wechseln schnell die Plätze!
- Alle Kinder, die gern Fisch essen, wechseln schnell die Plätze!
- Alle Kinder, die gern Erdbeeren essen, wechseln schnell die Plätze!
- Alle Kinder, die gern Schokolade essen, wechseln schnell die Plätze!

Variation

Ein Stuhl wird aus dem Stuhlkreis genommen. Das Kind, das nun keinen Stuhl mehr hat, stellt sich in die Kreismitte. Es darf nun einen Satz sagen. Wenn die entsprechenden Kinder die Plätze wechseln, sucht es sich schnell einen Platz und setzt sich hin. Das Kind, das nun keinen Stuhl ergattern konnte, darf in der Mitte stehen und einen neuen Satz sagen.

Blitzlichtfragen zum Essen

Alter: ab 3 Jahren
Teilnehmer*innenzahl: ab 3 Kinder
Das benötigen Sie: Redestein

Vorbereitung
Die Kinder sitzen im Kreis.

So geht's
Stellen Sie den Kindern Fragen rund um das Thema Essen. Nach jeder Frage wird eine kurze Pause zum Überlegen gemacht. Machen Sie dann eine Blitzlichtrunde mithilfe eines Redesteins, der reihum gegeben wird. Jedes Kind hat die Gelegenheit, die Frage kurz zu beantworten. Das Fragespiel bietet Impulse zu weiteren Gesprächen und einer bewussten Auseinandersetzung mit den Essensgewohnheiten der Kinder.

Beispiele für Blitzlichtfragen sind:
- Was isst du zum Frühstück?
- Mit wem isst du Abendbrot?
- An welchem Platz isst du am liebsten?
- Hast du mal etwas gegessen, was du gar nicht mochtest? Was und wo?
- Welches Essen isst du gern an deinem Geburtstag?
- Was würdest du gern einmal essen?
- Was hast du schon 100-mal gegessen?
- Wann hattest du einmal so richtig Durst?
- Wann hast du einmal zu viel gegessen? Wie fühlte es sich an?
- Hast du Hunger, wenn du traurig bist?
- Hast du schon einmal etwas zu essen als Belohnung bekommen?
- Warst du schon einmal in einem Restaurant?
- Hast du schon einmal bei einem Freund oder einer Freundin gegessen?
- Hast du schon einmal etwas gekocht?

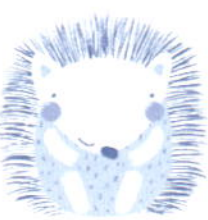

Gerichte-Erfinder*innen

Alter: ab 3 Jahren
Teilnehmer*innenzahl: ab 1 Kind
Das benötigen Sie: Stifte, Papier

So geht's

Die Kinder haben die Aufgabe, ein ganz neues Gericht zu erfinden und dieses zu malen. Sie können ihrer Fantasie freien Lauf lassen und sehr kreativ in der Zusammensetzung des erfundenen Gerichts sein. So könnte es zum Beispiel „Gummibärchen in Sahnesoße mit nur dem Gelben aus dem Spiegelei", „Toastbrot ohne Rinde" oder „Kartoffelbrei mit Chips und Ketchup" geben.
Die fertigen Bilder können am Ende in einer kleinen Ausstellung im Gruppenraum präsentiert werden. Gibt es etwas, was alle Kinder gern mögen? Regen Sie sie an, über ihr Lieblingsessen, ihre Vorlieben und Abneigungen oder schöne Essensituationen zu sprechen.

Kennenlernen der Ernährungspyramide

GUT ZU WISSEN

Sinn und Funktion der Ernährungspyramide wurden bereits im ersten Teil dieses Buches beschrieben (s. S. 10–12). Auch Kita-Kinder können sich an der einfach aufgebauten Darstellung orientieren, wenn es um die Einschätzung von Lebensmitteln im Rahmen einer ausgewogenen Ernährung geht. Sie erkennen dort, welche Lebensmittel sie viel und welche sie nicht so viel zu sich nehmen sollten. Es wird ebenfalls sichtbar für sie, dass nichts verboten ist und dass sie eine Wahl haben.

Tipp: Kopieren und vergrößern Sie die Ernährungspyramide (s. S. 11). Hängen Sie sie als großes Plakat im Gruppenraum auf, um immer wieder den Bezug im Alltag herstellen zu können!

Ernährungspyramide selbst gebaut

Alter: ab 4 Jahren
Teilnehmer*innenzahl: ab 2 Kinder
Das benötigen Sie: stabile Lebensmittelverpackungen (z. B.: Getränkekisten, Haferflockenkartons, große Joghurtbecher, Eierkartons ...), große Holzbausteine

So geht's

Die Kinder haben die Aufgabe, aus den Lebensmittelverpackungen und den Holzbausteinen eine Ernährungspyramide zu bauen. Die Bausteine können dabei zur Stabilisation des Turmes eingebaut werden. Helfen Sie bei Bedarf und geben Sie Impulse, indem Sie Fragen stellen, wie: „Was ist das Wichtigste? Was steht ganz unten? Worauf baut alles auf?"

Was für ein Chaos!

Alter: ab 5 Jahren
Teilnehmer*innenzahl: ab 2 Kinder
Das benötigen Sie: mehrere Lebensmittelverpackungen (von eindeutig erkennbaren Lebensmitteln, z. B.: Milchkarton, Honigglas, Joghurtbecher), 8 Pappkartons, Stifte, ggf. Wecker

Vorbereitung

Verteilen Sie die Lebensmittelverpackungen im Gruppenraum. Zusätzlich werden acht Pappkartons in die Mitte des Raumes gestellt. Malen Sie auf jeden dieser Kartons ein Symbol einer Lebensmittelgruppe. Orientieren Sie sich dabei an den Symbolen, wie sie in der Ernährungspyramide dargestellt sind (s. S. 11).

So geht's

Beginnen Sie das Spiel mit den Sätzen: „Oh nein! Was für ein Chaos! Überall liegen Lebensmittel im Raum herum!" Bitten Sie die Kinder, die herumliegenden Lebensmittel in die entsprechenden Kartons in der Mitte des Raumes zu sortieren. Die Kinder laufen durch den Raum, sammeln die Verpackungen und ordnen sie in den jeweiligen Karton. Geben Sie den Kindern ggf. Hilfestellung dabei. Wenn alle Lebensmittel eingeräumt sind, überprüfen Sie gemeinsam mit ihnen, ob alles richtig ist.

Variation

Die Kinder räumen die Lebensmittel, so schnell es geht, ein. Dafür wird ein Wecker auf eine bestimmte Uhrzeit gestellt. Sind die Kinder schneller oder klingelt der Wecker, bevor die Lebensmittelverpackungen eingeräumt sind?

Das Ernährungspyramidenpuzzle

Alter: ab 5 Jahren
Teilnehmer*innenzahl: ab 1 Kind
Das benötigen Sie: Kopie der Ernährungspyramide (s. S. 89), Schere

Vorbereitung

Schneiden Sie die einzelnen Bestandteile der Ernährungspyramide auseinander.

So geht's

Die Kinder haben die Aufgabe, die verstreut herumliegenden Puzzleteile wieder zum Bild der Ernährungspyramide richtig zusammenzusetzen. Je nach Gruppengröße können Sie auch mehrere Pyramidenpuzzles anfertigen und die Abbildung (s. S. 89) mehrfach kopieren und auseinanderschneiden.

Die völlig verrückte Ernährungspyramide

Alter:	ab 4 Jahren
Teilnehmer*innenzahl:	ab 1 Kind
Das benötigen Sie:	stabile Pappkartons, Lebensmittelverpackungen und/oder Spielzeug aus der Kinderküche, andere Gegenstände (z. B.: Hausschuh)

Vorbereitung

Stapeln Sie aus Kartons eine Pyramide. Bestücken Sie sie mit Symbolen für Lebensmitteln (z. B.: leerer Joghurtbecher, Plastikfisch, Holzei, Möhre aus Stoff oder Knete). Bauen Sie in jeder Pyramidenstufe einen kleinen Fehler ein. Legen Sie zum Beispiel zwischen das Obst einen Hausschuh statt Gemüse.

So geht's

Fordern Sie die Kinder auf, die Fehler in der Ernährungspyramide zu entdecken. Gemeinsam wird ein richtiger Ort gesucht. Zum Beispiel scheidet der Hausschuh ganz aus und die Gummibärchen kommen ganz nach oben in das kleinste Fach.

SACHBUCHTIPP FÜR KINDER

Rübel, Doris: **Wieso? Weshalb? Warum? – Unser Essen.** Ravensburger Verlag: Ravensburg 2002

Getränke

GUT ZU WISSEN

Ausreichend Flüssigkeit ist **das Wichtigste** der täglichen Ernährung. Während ein Mensch in der Lage ist, mehrere Tage nichts zu essen, so kann er lediglich zwei Tage ohne Trinken überleben. Der menschliche Körper besteht zu über der Hälfte aus Wasser. Es wird u. a. benötigt, um Mineralstoffe durch den Körper zu transportieren. (Vgl. Floto-Stammen 2009, S. 40)

Kinder von zwei bis sechs Jahren sollten täglich ca. drei Viertel bis einen Liter Flüssigkeit trinken, also sechs Portionen nach der Ernährungspyramide (s. S. 11). Die Getränke sollten **keinen Zucker** enthalten. Wasser und ungesüßte Tees (Kräuter- oder Früchtetee) sind das beste Angebot. In Deutschland ist das Leitungswasser bedenkenlos zu trinken. Es wird häufig kontrolliert. Für Kinder, die gern „Sprudelwasser" trinken, kann man es mit einem Wassersprudler aufbereiten.

Für die Kita wird empfohlen, dass Kinder zu jeder Mahlzeit ein Getränk bekommen und auch zwischendurch **oft die Gelegenheit zum Trinken** haben sollten. Dies gilt besonders auch für Kinder, die zu wenig trinken. Sie sollten regelmäßig an das Trinken erinnert werden, vor allem nach schweißtreibenden Aktivitäten oder bei hohen Temperaturen. (Vgl. Prokita-Portal 2021)
Fruchtsäfte enthalten viel Zucker und sind daher einer Portion Obst zuzuordnen. Fruchtnektare, Limonaden o. Ä. sind für die Kita als Getränk gänzlich ungeeignet. Sie zählen zu den Süßigkeiten. Milch und Kakao sind aufgrund ihres hohen Energiegehalts als kleine Mahlzeit und nicht als Getränk zu werten. (Vgl. Verbraucherzentrale 2020, Getränke für Kinder)

Limo-Labor

Alter:	ab 3 Jahren
Teilnehmer*innenzahl:	ab 1 Kind
Das benötigen Sie:	Früchte und Gewürze/Kräuter nach Wahl, Wasser, Karaffen, Gläser, Schneidebrett, Schneidemesser, Trinkhalme

Vorbereitung

Kaufen Sie gemeinsam mit den Kindern Obst und Gewürze/Kräuter ein. Die Kinder können welches auswählen, das sie gern mögen.

So geht's

Die Kinder entwickeln neue Durstlöscher, indem sie Wasser durch Früchte und Gewürze/Kräuter aromatisieren. Dafür füllen sie zunächst Wasser in Gläser. Dann schälen, ggf. entkernen und zerschneiden sie das Obst in dünne Scheiben und zerkleinern die Gewürze/Kräuter. Nun darf experimentiert werden.
Fordern Sie die Kinder auf, nach Belieben Früchte und/oder Gewürze/Kräuter (höchstens zwei pro Glas!) zu dem Wasser in das Glas zu geben. Nach ein paar Minuten kann die selbst gemachte Limo probiert werden. Dafür bekommt jedes Kind einen Trinkhalm, den es für all seine Geschmacksproben verwendet.
Besprechen Sie abschließend, welche Limos den meisten Kindern besonders gut geschmeckt haben. Was macht den Geschmack aus? Die von den Kindern am Ende ausgewählten Wasser-Frucht-Gewürz-Kräuter-Kombinationen werden nochmals in einer Karaffe hergestellt. So können im Laufe des Tages alle Kinder immer mal wieder ein Gläschen probieren.

TIPP

Für aromatisiertes Wasser eignen sich besonders gut diese Früchte und Gewürze/Kräuter: Apfel, Orange, Wassermelone, Zitrone, Beeren, Mango und Minze.

Fruchtige Eiswürfel

Alter: ab 3 Jahren
Teilnehmer*innenzahl: ab 1 Kind
Das benötigen Sie: Eiswürfelbehälter, Gefrierschrank, verschiedene Obstsorten (z. B.: Mango, Kirschen, Trauben, Erdbeeren oder Himbeeren), Pürierstab, Behältnis zum Pürieren, Wasser, Gläser

So geht's

Die Kinder suchen sich Obst aus und pürieren es mit dem Pürierstab (nur mithilfe einer pädagogischen Fachkraft) in einem Behältnis zu einem Brei. Anschließend füllen sie den Obstbrei in Eiswürfelbehälter. Es ist dabei möglich, zwei Obstsorten zu mischen. Nun werden die Eiswürfelbehälter so lange in den Gefrierschrank gelegt, bis der Brei gefroren ist.
Geben Sie den Kindern ein Glas mit Wasser. Jedes Kind kann sich dann ein oder zwei Eiswürfel aussuchen, die es ins Glas tut. Wer schnell trinkt, hat gekühltes Wasser. Wer sich etwas Zeit lässt, hat eine erfrischende Fruchtschorle.

Trinkbecher-Kunst

Alter: ab 3 Jahren
Teilnehmer*innenzahl: ab 1 Kind
Das benötigen Sie: Porzellanmalstifte in verschiedenen Farben, weiße Porzellanbecher

So geht's

Jedes Kind malt seinen Trinkbecher mit den Porzellanmalstiften individuell an. Der Becher bleibt in der Kita und kann zu den Trinkpausen genutzt werden.

Gemüse und Obst

GUT ZU WISSEN

Kinder sollten täglich drei Portionen (eine Portion entspricht der Größe ihrer eigenen Hand) Gemüse und zwei Portionen Obst essen. Dadurch werden sie mit den darin enthaltenen Nährstoffen ausreichend versorgt. Also insgesamt **fünf Portionen am Tag.** Eine Portion kann auch durch ein Glas Gemüse- oder Obstsaft ersetzt werden. Hülsenfrüchte, wie Linsen, Erbsen oder Bohnen, enthalten einen hohen Anteil an Mineralstoffen, Spurenelementen, Vitaminen und Ballaststoffen und sollten deshalb regelmäßig zu sich genommen werden.

In der Kita sollte darauf geachtet werden, dass den Kindern **Obst und Gemüse der Saison** angeboten wird. Zum einen ist es gesundheitlich sinnvoll, denn die Nahrungsmittel haben weniger Rückstände von Pflanzenschutzmitteln. Zum anderen ist es umweltfreundlicher, wenn das Obst und Gemüse nicht um die halbe Welt gefahren wird, um bei uns im Supermarkt zu landen. So lernen die Kinder auch die Jahreszeiten und die damit verbundenen Veränderungen in der Natur besser kennen. Was schenkt uns die Natur in welchen Monaten des Jahres? Erdbeeren und Himbeeren im Sommer, Äpfel im Herbst und Grünkohl im Winter. Besprechen Sie mit den Kindern, wann es welches saisonale Obst und Gemüse gibt und woher zum Beispiel in der Weihnachtszeit Orangen und Mandarinen kommen. Unter den Stichwörtern „regionales Gemüse und Obst, Saisonkalender" finden sich im Internet anschauliche Übersichten, die Hilfestellung bei der Erklärung geben.

Da die Lebensmittelkategorie „Obst und Gemüse" nach den Getränken den größten Anteil der Ernährungspyramide bildet, ist es sinnvoll, Kinder möglichst intensiv an diese Lebensmittel heranzuführen. Ermöglichen Sie ihnen, verschiedenste Obst- und Gemüsesorten kennenzulernen und sich an den Verzehr dieser zu gewöhnen.

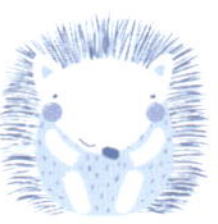

Obst- und Gemüsesnacks für zwischendurch

Alter: ab 3 Jahren
Teilnehmer*innenzahl: alle Kinder der Kita-Gruppe
Das benötigen Sie: Gemüse/Obst, Tabletts/Teller/Schüsseln, Tisch, ggf. Stühle/Sitzkissen

So geht's

Bieten Sie den Kindern zwischendurch Gemüse- und Obstsnacks an. Diese können Sie auf einen Tisch im Gruppenraum stellen. Durch das sicht- und greifbare Angebot sind die Kinder angeregt, regelmäßig eine Snackpause einzulegen. Beteiligen Sie die Kinder an der Vorbereitung! Dafür gibt es im Kita-Alltag einige Gelegenheiten, wie zum Beispiel:

- Besprechen Sie im Morgenkreis, welche Sorten angeboten werden.
- Gehen Sie mit den Kindern in kleinen Gruppen zum Einkaufen.
- Lassen Sie jeden Morgen zwei Kinder das Obst und Gemüse vorbereiten und es ansprechend auf große Teller oder Tabletts dekorieren.
- Die Kinder wählen an einem festen Wochentag das „Obst/Gemüse der Woche". Reflektieren Sie gemeinsam, was besonders gut geschmeckt hat.

So kann das Obst und Gemüse angeboten werden:

- als fertige Spieße
- als Stücke in Schüsseln, aus denen die Kinder mit einem Holzspieß ihr bevorzugtes Obst/Gemüse aufspießen können
- als geometrische Häppchen die, zu einen Mosaik oder als Tier oder als Mensch zusammengesetzt, auf große Teller gelegt sind
- als Farbteller (z. B.: grünes, rotes, gelbes Obst/Gemüse auf jeweils einem Teller)

Hinweis für das Snackangebot

Wichtig ist, dass die Kinder auf keinen Fall mit vollem Mund oder Obstspießen in der Hand laufen oder weiterspielen dürfen. Entweder sie bleiben stehen oder setzen sich hin. Stellen Sie Stühle oder Sitzkissen neben den Snacktisch.

Ein Obstsalat in Bewegung

Alter: ab 3 Jahren
Teilnehmer*innenzahl: ab 6 Kinder
Das benötigen Sie: so viele Karten wie Kinder, mit jeweils einer Obstabbildung, Korb, Stühle

Vorbereitung

Bauen Sie einen Stuhlkreis auf. Bereiten Sie eine entsprechende Zahl von Karten vor, auf denen jeweils ein Obst abgebildet ist. (Mindestens drei Kinder sollen jeweils eine Karte mit derselben Obstsorte bekommen können.)

So geht's

Die Kinder sitzen im Stuhlkreis. Legen Sie alle Karten verdeckt in einen Korb. Gehen Sie im Kreis herum und lassen Sie jedes Kind eine Karte ziehen. Nun weiß es, welche Obstsorte es in diesem Spiel ist. Die Karten werden in die Hosentasche gesteckt oder in den Hosenbund geklemmt.

Stellen Sie sich in die Mitte des Stuhlkreises und rufen Sie: „Alle Bananen wechseln den Platz!" Die entsprechenden Kinder mit diesem Kärtchen wechseln untereinander die Plätze. Versuchen Sie auch schnell, einen freien Platz zu ergattern. Haben Sie es geschafft, bleiben Sie sitzen und spielen weiter mit. Haben Sie es nicht geschafft, dürfen Sie noch ein Kommando geben, bis Sie einen Platz bekommen haben. Das Kind, was keinen Stuhl abbekommen hat, darf als nächstes das Kommando geben. Das Kommando „Der Obstkorb fällt um und alle Kinder wechseln den Platz!" liefert die Möglichkeit, dass alle auf jeden Fall einen neuen Platz bekommen.

Variation

Die Obstsorten werden beschrieben und die Kinder müssen überlegen, ob sie gemeint sind, und wechseln die Plätze. Nach jeder Runde kann reflektiert werden, ob das so stimmte, wie die Kinder sich entschieden haben. So setzen sie sich mit den einzelnen Obstsorten noch einmal auseinander.

Einige Kommandos können sein:

- Alle Obstsorten, die am Baum wachsen, wechseln die Plätze!
- Alle Obstsorten, die man ohne Schale essen sollte, wechseln die Plätze!
- Alle Obstsorten, die wir gern im Sommer essen, wechseln die Plätze!

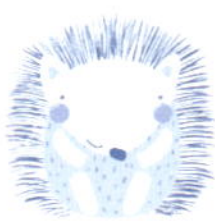

Obst mit allen Sinnen wahrnehmen

Alter: ab 3 Jahren
Teilnehmer*innenzahl: 1–3 Kinder
Das benötigen Sie: verschiedene Obstsorten (z. B.: Banane, Weintraube, Birne), Schneidebrett, Schneidemesser

Vorbereitung

Schneiden Sie das Obst in kleine Stücke. Achten Sie bei der Obstauswahl auf eventuell vorhandene Lebensmittelallergien der Kinder (s. S. 87)!

So geht's

Die Kinder sitzen im Kreis. Zeigen Sie ihnen die erste Frucht, zum Beispiel eine Banane. Nun wird die Banane mit allen Sinnen wahrgenommen. Mit folgenden Fragen und Handlungen können Sie das Spiel anleiten:

- Wie sieht sie aus? Die Kinder beschreiben das Aussehen der Banane.
- Wie fühlt sie sich an? Die Banane wird herumgereicht und die Kinder schildern ihre Wahrnehmung.
- Wie riecht sie? Schälen Sie die Banane und geben Sie jedem Kind ein Stück. Die Kinder beschreiben den Geruch.
- Welches Geräusch macht sie beim Kauen? Wie fühlt sich das Kauen an? Die Kinder beschreiben ihre Wahrnehmung beim Kauen der Banane.
- Wie schmeckt sie? Die Kinder beschreiben ihren Geschmack.
- Was findet ihr gut an einer Banane? Was findet ihr nicht so gut? Jedes Kind hat einen eigenen Geschmack. Es gibt kein Richtig oder Falsch.

Anschließend können Sie diesen Ablauf mit einer anderen Obstsorte wiederholen.

Hinweis

Durch diese Übung können Kinder ein Interesse für Obst entwickeln, welches sie möglicherweise noch nicht kennen, wie etwa Mango, oder das sie bisher nicht mochten. Selbstverständlich sollte kein Kind zum Mitmachen, also Riechen und vor allem Schmecken gezwungen werden! Wenn es nicht möchte, kann es zuschauend teilnehmen.

GUT ZU WISSEN

„Mit Essen spielt man nicht!“ Diesen Satz kennen sicher viele Erwachsene aus ihrer eigenen Erziehung. In den folgenden Spielideen wird zwar mit Lebensmitteln „gespielt“. Am Ende werden diese jedoch nicht in den Müll geworfen, sondern können weiter verarbeitet oder gewaschen und gemeinsam gegessen werden. Achten Sie dabei auf eventuell vorhandene Lebensmittelallergien der Kinder!

Kressezüchter*in

Alter: ab 3 Jahren
Teilnehmer*innenzahl: ab 1 Kind
Das benötigen Sie: Untertasse, Watte, Sprühflasche mit Wasser, Kressesamen

So geht's

Fordern Sie die Kinder auf, die Watte auseinanderzuzupfen und auf eine Untertasse zu legen. Dann feuchten sie mit einer Sprühflasche die Watte leicht an. Die Kressesamen werden darauf gleichmäßig verteilt. Anschließend werden sie auf ein Fensterbrett oder einen Tisch am Fenster gestellt. Wichtig dabei ist, dass sie Licht bekommen und die Kinder sie gießen und beobachten können. Wer sieht den ersten Kressehalm wachsen und ist erfolgreiche*r Kressezüchter*in?

TIPP

Die fertige Kresse kann zum Kita-Frühstück oder zur Vesper auf ein Butterbrot gestreut werden.

Gemüse fühlen

Alter: ab 3 Jahren
Teilnehmer*innenzahl: 2–4 Kinder
Das benötigen Sie: Gemüse (z. B.: Möhre, Gurke, Paprika), Stoffbeutel

Vorbereitung

Waschen Sie das Gemüse ab und trocknen Sie es ab. Legen Sie ein Gemüse in einen Stoffbeutel, sodass es nicht zu sehen ist.

So geht's

Die Kinder sitzen im Kreis. Gehen Sie mit dem gefüllten Stoffbeutel von Kind zu Kind. Jedes Kind darf einmal in den Beutel greifen (ohne hineinzuschauen). Welches Gemüse ist im Beutel? Das Kind darf seine Vermutung nicht laut äußern. Wenn alle Kinder gefühlt haben, zählen Sie: „1, 2, 3!" Dann rufen alle laut ihre Vermutung und das „Gemüse-Geheimnis" wird gelüftet. Legen Sie ein neues Gemüse verdeckt in den Beutel und das Spiel beginnt von vorn.

Apfel-Puzzle

Alter: ab 3 Jahren
Teilnehmer*innenzahl: 1 Kind
Das benötigen Sie: Apfel, Schneidemesser

Vorbereitung

Schneiden Sie einen Apfel in asymmetrische Stücke. Je weniger Stücke, desto leichter wird das Puzzle.

So geht's

Fordern Sie das Kind auf, den Apfel mit den Stücken wieder als Ganzes zusammenzusetzen. Wie schnell gelingt das?

Achtung! Alarm!

Alter: ab 4 Jahren
Teilnehmer*innenzahl: ab 4 Kinder
Das benötigen Sie: kleine Gemüsestücke (z. B.: Möhre, Gurke, Paprika, Kohlrabi, Radieschen), Tablett oder abwischbares Tischset, pro Kind eine Schüssel

Vorbereitung

Schneiden Sie das Gemüse in kleine Stücke. Legen Sie von jedem Gemüse ein Stück auf das Tablett.

So geht's

Die Kinder sitzen um das Tablett herum. Jedes Kind bekommt eine kleine Schüssel. Ein Kind geht vor die Tür. Die anderen Kinder bestimmen, welches der Gemüsestücke auf dem Tablett einen Alarm auslösen wird. Anschließend wird das Kind wieder hereingeholt. Es darf sich nun nach und nach Gemüsestücke nehmen – und in seine Schüssel legen oder aufessen. Berührt das Kind jedoch ein Gemüsestück, welches den Alarm auslöst, beginnen die Kinder, laut ein Alarmgeräusch zu machen. Das Kind darf das Gemüsestück noch nehmen, danach ist aber das nächste Kind an der Reihe und das Spiel beginnt von vorn.

Was darf in unseren Obstsalat?

Alter: ab 4 Jahren
Teilnehmer*innenzahl: ab 2 Kinder
Das benötigen Sie: verschiedene Obstsorten, andere Lebensmittel und Gegenstände (z. B.: Tüte Gummibärchen, Baustein), Kiste, 2 Tücher

Vorbereitung

Das Obst und die anderen Gegenstände werden in die Kiste gelegt und mit einem Tuch zugedeckt. Ein weiteres Tuch wird in der Kreismitte ausgebreitet.

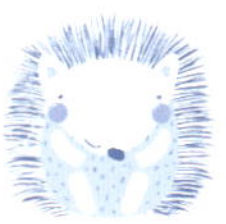

So geht's

Die Kinder sitzen im Kreis. Erzählen Sie ihnen, dass Sie gern einen Obstsalat machen möchten. Dann berichten Sie, dass Sie einkaufen waren und viele tolle Ideen für den Obstsalat haben. Plötzlich sind Sie sich aber nicht mehr sicher, ob es sich bei den einzelnen Sachen tatsächlich um Obst handelt. Bitten Sie die Kinder deshalb um ihre Mithilfe. Nehmen Sie einen Gegenstand aus der Kiste und fragen Sie die Kinder, ob es sich um Obst handelt. Bejahen die Kinder, wird es in die Mitte auf das Tuch gelegt. Nun darf ein Kind in die Kiste greifen und etwas herausholen. Ist dies eine Zutat für einen Obstsalat? Wenn ja, wird sie auf das Tuch in die Mitte gelegt. Wenn nicht, wird sie zur Seite gelegt. Dann ist das nächste Kind an der Reihe und das Spiel geht reihum weiter.

Der große Apfeltest

Alter: ab 5 Jahren
Teilnehmer*innenzahl: 2–3 Kinder
Das benötigen Sie: 3 unterschiedliche Apfelsorten (z. B.: Braeburn, Elstar, Granny Smith), Schneidebrett, Schneidemesser, 3 Schüsseln, 3 Stifte, 3 Testpapiere (Kopiervorlage, s. S. 90)

Vorbereitung

Schneiden Sie von jeder Apfelsorte mundgerechte Stücke und legen Sie sie jeweils in eine Schüssel.

So geht's

Die Kinder sitzen am Tisch. Erklären Sie ihnen, dass es verschiedene Apfelsorten gibt. Jede Sorte schmeckt ein wenig anders. Nun kommt der große Apfeltest. Legen Sie die Äpfel, jeweils von einer Sorte, auf den Tisch. Dahinter stellen Sie jeweils eine Schüssel mit den entsprechenden Apfelstückchen. Jedes Kind bekommt ein Testpapier und einen Stift. Alle beginnen mit der ersten Apfelsorte.

Schreiben Sie den Namen der Sorte oben auf das Testpapier. Die Kinder können auch ihren eigenen Namen auf das Papier schreiben, wenn sie es schon können. Nun geht der Test los. Entsprechend ihrem Testpapier bewerten die Kinder zunächst, wie der Apfel aussieht (Bild Auge, s. S. 90). Sieht er gut aus, kringeln sie das Bild mit dem „Daumen hoch" ein, wenn nicht „Daumen runter". Danach bekommt jede*r sein*ihr Apfelstückchen. Sie riechen daran. Riecht er gut? Riecht er nicht gut? Die Kinder kringeln ihr Ergebnis ein. So bearbeiten sie ihr Testpapier.

Anschließend ist die nächste Apfelsorte an der Reihe. Die Kinder bekommen ein neues Testpapier und alles beginnt von vorn. Ganz am Ende der drei Testreihen können Sie mit den Kindern eine Auswertung machen. Welcher Apfel hat am besten abgeschnitten und ist der heutige Testsieger der Kinder-Jury?

SACHBUCHTIPP FÜR KINDER

Sowinska, Agnieszka/Mottl-Link, Sybille: **Schau, was steckt in Obst und Gemüse?** Pappbilderbuch für Kinder ab 3 Jahre, Reihe Naturkind, Loewe Verlag 2016

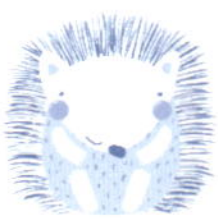

Milch und Milchprodukte

GUT ZU WISSEN

Milch bzw. Milchprodukte, wie Joghurt, Quark, Buttermilch und Käse, sind für die Nahrungsaufnahme des Menschen sehr wichtig. Diese Produkte enthalten **Calcium,** das für das **Wachstum der Knochen und Zähne** benötigt wird. Es beugt auch Knochenkrankheiten vor, die erst im höheren Alter auftreten können. Außerdem liefern Milch und Milchprodukte auch **Eiweiß und Jod.**

Für eine ausgewogene Ernährung sollten **täglich drei Portionen Milch** und andere Milchprodukte verzehrt werden – beispielsweise ein Glas Milch, ein Becher Joghurt und eine Scheibe (so groß wie ein Handteller) Käse. Milchprodukte aus dem Supermarkt, wie Fruchtjoghurt oder Milchshakes, enthalten in der Regel sehr viel Zucker und sollten deshalb zur Kategorie „Süßigkeiten" gezählt werden. Auch Sahne ist dort ganz oben in der Ernährungspyramide einzuordnen. Zu empfehlen sind **Milchprodukte ohne Zusatzstoffe,** in die selbst Obst- oder Fruchtmus gegeben wird. Wenn Kinder gern Milch mit Kakao trinken, sollte darauf geachtet werden, reinen Kakao zu verwenden. Ein Teelöffel Instantkakaopulver kann bis zu vier Gramm Zucker enthalten, was ca. 1,5 Würfelzucker sind.

Von Ernährungsexpert*innen wird oft zu Milchprodukten geraten, die einen Fettanteil von 1,5 Prozent haben, da ansonsten zu viel Fett aufgenommen wird. Nicht empfohlen werden Milchprodukte, die einen Fettanteil von lediglich 0,3 Prozent haben. Durch die Entrahmung werden hier viele wertvolle Inhaltsstoffe entfernt. (Vgl. Verbraucherzentrale 2021)

TIPP

Wenn möglich, sollten Kinder die Gelegenheit haben, Milch verschiedener Tiere zu probieren. Kuh-, Schaf- und Ziegenmilch sind in vielen Supermärkten zu bekommen, und wenn nicht pure Milch, dann Milchprodukte, wie zum Beispiel Käse.

Woher kommt die Milch?

Alter: ab 4 Jahren
Teilnehmer*innenzahl: ab 2 Kinder
Das benötigen Sie: Bilder von Tieren, die Milch geben (z. B.: Schaf, Ziege, Esel, Kuh, Stute, Yak) und Tiere, die keine Milch geben, die Menschen trinken können (z. B.: Wellensittich, Schlange, Marienkäfer)

Vorbereitung

Die Bilder werden verdeckt auf den Tisch gelegt.

So geht's

Erklären Sie den Kindern, dass nicht nur Kühe Milch geben können, die wir trinken, sondern auch andere Tiere. Reihum deckt jedes Kind ein Bild auf. Es sagt, welches Tier auf dem Bild zu sehen ist. Danach wird gemeinsam überlegt, ob das Tier Milch produziert, die Menschen trinken (können).

Wir melken

Alter: ab 3 Jahren
Teilnehmer*innenzahl: ab 1 Kind
Das benötigen Sie: Tapezierbock, weißer Luftballon, schwarzer Permanentmarker, schwarz-weiß gefleckte Decke/Bettbezug, Klebeband, dünnes Seil, Gummi-Handschuh, Wasser, Nadel, Eimer, Hocker

Vorbereitung

Mit einem Tapezierbock, einem weißen Luftballon als Kuhkopf, der mit einem schwarzen Permanentmarker bemalt ist, und einer schwarz-weiß gefleckten Decke oder einem Bettbezug, lässt sich eine Kuh bauen. Ein Gummi-Handschuh wird mit Wasser befüllt, oben zugebunden und unten (mit einem dünnen Seil) als Euter an den Kuhkörper gehängt.

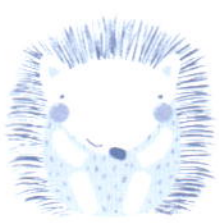

So geht's

Der Hocker wird vor das Euter gestellt und der Eimer unter das Euter. Ein Kind setzt sich auf den Hocker. Stechen Sie mit einer Nadel jeden Finger des Handschuhs an. Nun kann das Kind melken spielen. Irgendwann ist der Handschuh leer und das Wasser im Eimer.

Impulsfragen für ein Gespräch nach dem Melken:

- Welche Farbe hat Milch in Wirklichkeit?
- Wie fühlt sich wohl ein richtiges Euter an?
- Ist die Milch, die aus der Kuh kommt, warm oder kalt? Warum?
- Werden Kühe heutzutage noch immer auf diese Art gemolken?

Variation

Bauen Sie mit den Kindern eine Melkmaschine. Dazu benötigen Sie: Plastikrohre (z. B.: sogenannte Heulrohre aus dem Bewegungsbereich), Klebeband, offene Plastikbehälter sowie weitere Materialien, die den Kindern Impulse für einen Bauplan geben können (z. B.: Gießkanne, Trinkhalme). Fordern Sie die Kinder auf, sich selbst einen Bauplan auszudenken, und helfen Sie ihnen bei der Umsetzung.

Das alles wird aus Milch gemacht?!

Alter: ab 4 Jahren
Teilnehmer*innenzahl: ab 2 Kinder
Das benötigen Sie: 1 Glas Milch, Naturjoghurt, Quark, Käse in kleinen Würfeln, Weichkäse in Stücken, Frischkäse, Schälchen, Trinkhalme, Teelöffel

Vorbereitung

Füllen Sie die Lebensmittel in die Schälchen. Achten Sie auf eventuell vorhandene Allergien der Kinder (z. B.: Laktoseintoleranz).

So geht's

Die Kinder sitzen im Kreis. Jedes Kind bekommt einen Trinkhalm und einen Teelöffel. Betrachten und besprechen Sie mit den Kindern jedes der im Kreis liegenden Lebensmittel. Woher ist es bekannt? Wie heißt es? Wer möchte, darf daran riechen oder probieren. Erläutern Sie, dass all diese Lebensmittel aus Milch gemacht sind. Wer hätte das gedacht?!

SACHBUCHTIPP FÜR KINDER

Dürr, Julia: **Wo kommt unser Essen her?** Weinheim und Basel: Beltz und Gelberg 2020

Buntes Joghurtbüfett

Alter: ab 4 Jahren
Teilnehmer*innenzahl: ab 2 Kinder
Das benötigen Sie: Naturjoghurt, Obst, Honig, Vollkornflakes (o. Ä.), Obstmus aus dem Glas, kleine Glasschüsseln, Teelöffel, Schneidebretter, Schneidemesser

So geht's

Die Kinder sitzen am Tisch. Alle Lebensmittel werden in die Mitte gestellt. Jedes Kind hat nun die Aufgabe, eine leckere Joghurtkreation zu entwickeln. Dafür bekommt es etwas Naturjoghurt in eine kleine Schüssel. Dann kann es alle weiteren Zutaten selbst auswählen und dazugeben. Das Ergebnis kann mit Obststücken oder mit Kräutern verziert werden und es muss noch ein Name für den selbst gemachten Joghurt gefunden werden, wie beispielsweise „Obstkistchen" oder „Superheldenpampe". Abschließend setzen sich alle Kinder gemütlich zusammen, stellen ihren Joghurt vor und dürfen ihn natürlich auch genießen!

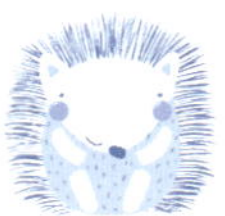

Fleisch, Fisch und Eier

GUT ZU WISSEN

Fleisch enthält für den Menschen wertvolles Eisen und hochwertiges Eiweiß. Es beinhaltet jedoch auch viel Fett, Cholesterin und Purin. Deshalb sollte lediglich 2- bis 3-mal wöchentlich eine Portion (also handtellergroß) verzehrt werden. Empfohlen wird besonders der Verzehr von fettarmem Fleisch aus den Tiermuskeln und fettarmen Wurstsorten (z. B.: Schinken und Geflügel).

Fisch liefert dem Menschen wichtige Omega-3-Fettsäuren, hochwertiges Eiweiß und Jod. Pro Woche solle eine Portion Fisch (handtellergroß) gegessen werden.

Eier von Hühnern liefern dem Menschen insbesondere Fett, Vitamine und Eisen. Für eine ausgewogene Ernährung sind zwei bis drei Eier pro Woche, zum Beispiel als gekochtes Ei, als Rührei, als Spiegelei oder auch enthalten in Pfannkuchen oder Aufläufen, ausreichend. (Vgl. Verbraucherzentrale 2021)

Manche Menschen wollen gern auf Fleisch und Fisch verzichten und sich vegetarisch ernähren. Die Nährstoffe, die sie benötigen, bekommen sie dann aus anderen Lebensmitteln. Auch für Kinder ist eine vegetarische Ernährung möglich.

AUFGEPASST

Rohe Eier sollten Kinder wegen der Gefahr, sich mit Salmonellen zu infizieren, nicht verzehren. In der Kita sollten sie deswegen nicht mit rohen Eiern und auch nicht mit der Schale selbst in Kontakt kommen. Beachten Sie das bei den Aktionen mit Eiern auf den folgenden Seiten. Werden rohe Eier für eine Aktion benötigt, sollten diese nur von der pädagogischen Fachkraft berührt werden.

Bunte Wurstspieße

Alter: ab 3 Jahren
Teilnehmer*innenzahl: ab 1 Kind
Das benötigen Sie: Schneidebrett, Schneidemesser, Bockwürste, Salatgurke, saure Gurken, Paprika, lange Holzspieße, Schälchen, Teller

So geht's

Die Kinder schneiden die Würstchen und das Gemüse in kleine Stücke und legen sie sortiert in die Schälchen. Nun kann sich jedes Kind einen Spieß nehmen und die Zutaten aufspießen, die es gern essen möchte. Dabei ist die Regel, dass ein Spieß erst fertiggestellt werden muss, bevor er gegessen wird. Wenn alle Spieße fertig sind, werden sie zunächst von den Kindern betrachtet. Ist ein Muster entstanden? Hat jemand alle Zutaten genommen oder nur bestimmte ausgewählt? Die Zutaten werden benannt und es wird zwischen Fleisch und Gemüse unterschieden. Am Ende wird gemeinsam gegessen.

Fischstäbchen-Burger

Alter: ab 4 Jahren
Teilnehmer*innenzahl: ab 1 Kind
Das benötigen Sie: Fischstäbchen (2 pro Burger), Eisbergsalat, Salatgurke, Vollkorntoastbrot (2 pro Burger), Remoulade, Backofen, Backpapier, Toaster, 4 Teller für die Zutaten und pro Kind 1 Teller, Servietten, 1 Teelöffel, 1 Messer

So geht's

Die Fischstäbchen werden gemäß der Anweisung auf der Verpackung im Backofen zubereitet. Die Kinder nehmen die Blätter vom Eisbergsalat, waschen diese und legen sie auf einen Teller. Danach waschen sie die Gurke, schneiden diese in dünne Scheiben und legen sie auf einen Teller. Die Toastbrotscheiben werden getoastet und auf einen Teller gelegt. Auch die fertigen Fischstäbchen kommen auf einen Teller. Sind alle Zutaten

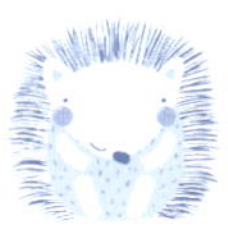

bereitgestellt, decken die Kinder den Tisch: Jedes Kind bekommt einen Teller, ein Messer und eine Serviette. Die Teller mit den Zutaten werden auf den Tisch gestellt und die Kinder nehmen Platz. Nun darf sich jedes Kind zwei Toastbrotscheiben nehmen und diese mit etwas Remoulade bestreichen. Es nimmt sich Salatblätter und Gurkenscheiben und legt sie auf eines der Brote. Nun nimmt es sich zwei Fischstäbchen, legt diese auf die Salatblätter und klappt die andere Toastbrotscheibe drauf. Ist der Fischstäbchen-Burger fertig, benennen Sie noch einmal alle Zutaten einzeln: Toastbrot, Salat und Gurke kennen die Kinder bestimmt. Viele haben sicher auch schon Fischstäbchen probiert. Was ist das aber? Kleine Fische, die im Meer leben? Warum Stäbchen? Fordern Sie die Kinder auf, ihre Ideen zusammenzutragen. Ergänzen Sie diese und erläutern Sie, woraus Fischstäbchen bestehen. (Sie enthalten pazifischen Pollack – auch als Alaska-Seelachs bekannt. Das ist kein Lachs, sondern eine Dorschart.)

Wärmende Eierwesen

Alter:	ab 3 Jahren
Teilnehmer*innenzahl:	ab 1 Kind
Das benötigen Sie:	Bastelfilz in hellen Farben, Schere, Bastelleim, Nadel und Faden, Filzstifte, Wackelaugen zum Aufkleben, Wolle, ggf. weitere Bastelmaterialien (z. B.: Federn oder Glitzersteine)

So geht's

Die Kinder schneiden zwei gleich große Stücke Filz aus, die so groß sind, dass ein Ei hineinpasst. Unterstützen Sie sie dabei, wenn sie Hilfe benötigen. Die beiden Stücke werden bis auf die untere Seite zunächst mit Bastelleim aneinandergeklebt. Anschließend werden sie mit Nadel und Farben zusätzlich aneinandergenäht.

Nun ist der Körper des Eierwesens fertig und das Kind kann zwei Wackelaugen draufkleben und mit Filzstift Nase und Mund aufmalen. Wer möchte, kann selbstverständlich auch noch Haare aus Wolle auf das Wesen kleben oder das, was den Kindern noch zum Verzieren einfällt. Die fertigen Eierwesen können Frühstückseier prima warm halten.

HINWEIS

Besonders bei Eiern ist ein sehr sorgfältiger hygienischer Umgang unbedingt zu beachten, denn rohe Eier können Salmonellen enthalten. Diese können im Inneren oder auf der Schale sein. Achten Sie unbedingt auf die Mindesthaltbarkeit der Eier! Sie sollten im Kühlschrank gelagert werden. Extrem verschmutzte oder kaputte Eier sollten nicht mehr verwendet werden. Die Eierschalen bzw. das rohe Ei sollten mit anderen Lebensmitteln nicht in Berührung kommen. Gegenstände, wie die Arbeitsplatte, ein Küchengerät oder auch die Hände, sollten sofort nach Berührung mit rohem Ei gewaschen werden. (Vgl. Verbraucherzentrale Bayern 2019)

Eier-Erforscher*innen

Alter: ab 4 Jahren
Teilnehmer*innenzahl: ab 1 Kind
Das benötigen Sie: rohe und gekochte Eier, Messer, Schalen, Lupen, Löffel

So geht's

Untersuchen Sie mit den Kindern Hühnereier und nehmen Sie sie unter die Lupe! Jedes Kind bekommt dafür ein gekochtes Ei (wegen der Salmonellengefahr sollten die Kinder kein rohes Ei bekommen), eine Schüssel, ein Messer, einen Löffel und eine Lupe. Sie können den Kindern mit einem rohen Ei den Unterschied zum gekochten Ei aufzeigen und es zu Beginn für alle sichtbar untersuchen. Besprechen Sie aufkommende Fragen gemeinsam.

Wissenswertes über Eier für Sie:

- Das Ei besteht aus Schale, Eiklar (Eiweiß) und Eigelb (Eidotter).
- Das Eiweiß besteht vor allem aus Wasser.
- Im Eigelb sind vor allem die für den Menschen wertvollen Nährstoffe.
- Die Intensität der Eigelbfarbe kann unterschiedlich sein. Sie hängt davon ab, was das Huhn gefressen hat.
- Es gibt Hühner, die braune, weiße oder gar grüne Eier legen. Welche Farbe die Eier haben, hängt von der Hühnerrasse ab. Der Hautlappen unter dem Ohr eines Huhns verrät, welche Farbe die Eier haben. Ist er rot, legt das Huhn braune Eier. Ist er weiß, legt es weiße Eier.

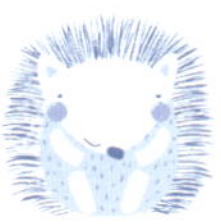

- Die Eier aus dem Supermarkt haben einen Stempel. Er sagt aus, wo das Ei genau herkommt.
- Wie viele Eier legt ein Huhn am Tag? Das hängt von der Rasse, dem Futter und den Lebensbedingungen ab. Ein Huhn legt fast täglich ein Ei. Manche Tiere machen aber auch zwei bis drei Tage Pause.
- Ist das Eigelb schon ein Küken? Nicht jedes, denn Küken schlüpfen nur aus Eiern, die vorher von einem Hahn befruchtet wurden. Die befruchteten Eier werden dann von den Hühnern bebrütet, bis das Küken schlüpft.
  (Vgl. Hühner-Haltung 2021 und Verbraucherzentrale Bayern 2019)

Das perfekte Frühstücksei

Alter: ab 5 Jahren
Teilnehmer*innenzahl: ab 1 Kind
Das benötigen Sie: rohe Eier, Eieruhr, Kochtopf, Wasser, Herd, Salz im Salzstreuer, Eierbecher, Löffel, Nadel

So geht's

Was wissen Kinder über Frühstückseier? Fragen Sie sie, ob sie morgens schon mal ein Frühstücksei gegessen haben. Waren die Eier innen hart oder weich? Die Kinder berichten. Erklären Sie ihnen, dass Eier in sehr heißem Wasser gekocht werden. Sind die Eier länger als 10 Minuten im kochenden Wasser, werden sie hart. Sind sie kürzer im Wasser, bleiben sie weicher. Nun geht's los! Die Kinder füllen mit Ihrer Hilfe Wasser in einen Kochtopf und stellen ihn auf den Herd. Stellen Sie ihn auf die höchste Wärmestufe. Dann heißt es warten. Wie merken wir, ob das Wasser kocht? Die Kinder hören genau zu, ob das Wasser sprudelt. Mit einem Sicherheitsabstand können sie das auch sehen. Wenn es so weit ist, legen Sie die Eier nacheinander vorsichtig ins kochende Wasser. Sie müssen vorher noch an einem Ende mit einer Nadel angepikst werden, damit sie beim Kochen nicht aufplatzen. Stellen Sie die Eieruhr auf 7 Minuten. Wenn sie klingelt, holen Sie Ei für Ei aus dem heißen Wasser, mithilfe eines Esslöffels. Die Kinder halten die Eier auf dem Löffel unter kaltes Wasser und „schrecken" sie ab. Danach werden sie in die Eierbecher gelegt. Die Eieruhr wird erneut gestellt und nach 4 Minuten werden die restlichen Eier aus dem Wasser geholt, abgeschreckt und in die Eierbecher gestellt. Jedes Kind, das möchte, darf ein Ei essen.

Getreide, Brot und Beilagen

GUT ZU WISSEN

Laut der Ernährungspyramide des Bundeszentrums für Ernährung werden **vier (handtellergroße) Portionen** Brot, Getreide und Beilagen, wie Nudeln, Reis und Kartoffeln, für den täglichen Verzehr empfohlen. Getreide, Brot und Beilagen enthalten **Kohlenhydrate** und liefern damit viel **Energie**. Sie sollten am besten auf Vollkornbasis sein, denn das Vollkornmehl enthält für die ausgewogene Ernährung wertvolle Mineralstoffe, Vitamine, Ballaststoffe und ungesättigte Fettsäuren. Kinder sollten sich möglichst von Anfang an an den Geschmack von Vollkorn gewöhnen. Wenn sie ihn erst später im Leben kennenlernen, kann es sein, dass sie ihn nicht gern mögen. (Vgl. Verbraucherzentrale 2021)

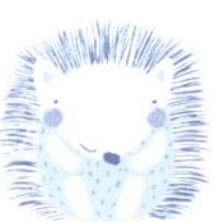

Brot-Verkostung

Alter: ab 3 Jahren
Teilnehmer*innenzahl: ab 2 Kinder
Das benötigen Sie: 3 verschiedene Brotsorten (z. B.: Weißbrot, Roggenvollkornbrot, Schwarzbrot), Schneidebrett, Brotschneidemesser, 3 kleine Schüsseln, Kopiervorlage (s. S. 91)

Vorbereitung

Schneiden Sie von jeder Brotsorte mundgerechte Häppchen zurecht und legen Sie sie jeweils in eine Schüssel.

So geht's

Die Kinder sitzen am Tisch. Erläutern Sie ihnen, dass Brot vor allem aus Mehl besteht. Es gibt unterschiedliche Brotsorten, die anders aussehen und schmecken. Es kommt immer darauf an, mit welchem Mehl sie gebacken werden.
Bei einer gemeinsamen Brot-Verkostung können die Kinder herausfinden, wie verschiedene Brote schmecken. Jedes Kind bekommt dafür zunächst ein Testpapier (s. Kopiervorlage) und einen Stift. Schreiben Sie den Namen der ersten Brotsorte oben auf das Testpapier. Die Kinder können ihren eigenen Namen auf das Papier schreiben, wenn sie es schon können, oder Sie helfen ihnen dabei. Nun geht der Test los. Entsprechend der Bewertungskriterien auf dem Testpapier bewerten die Kinder zunächst, wie das Brotstück aussieht (Bild Auge, s. S. 91). Sieht es gut aus, kringeln sie das Bild mit dem „Daumen hoch" ein, wenn nicht „Daumen runter". Danach bekommt jede*r ein Brotstückchen und das Brot soll nun mit der Nase beschnuppert werden. Riecht es gut? Riecht es nicht gut? Wieder kringeln die Kinder ihr Ergebnis auf dem Testpapier ein. So geht es weiter. Versuchen Sie besonders bei dem Bewertungskriterium „Schmecken", die Aufmerksamkeit der Kinder auf das sinnliche Erlebnis zu lenken. Sie können erleben, dass durch intensives Kauen das Brot immer süßer wird (weil sich die Stärke im Getreide in Zuckermoleküle verwandelt). Anschließend ist die nächste Brotsorte dran. Teilen Sie ein neues Testpapier für jedes Kind aus und die Versuchsreihe kann von vorn beginnen.

Machen Sie ganz am Ende der Testreihen mit den Kindern eine Auswertung. Welches Brot hat am besten abgeschnitten und ist der heutige Testsieger?

Getreide aussäen und ernten

Alter:	ab 3 Jahren
Teilnehmer*innenzahl:	ab 2 Kinder
Das benötigen Sie:	Decken, Gießkanne (ggf. Bild von einer Mühle)

Vorbereitung

Breiten Sie die Decken aneinandergelegt auf dem Boden aus, sodass ein großes Stück des Bodens komplett bedeckt ist.

So geht's

Sie sind der Landwirt oder die Landwirtin und möchten heute Getreidesamen aussäen. Jedes Kind spielt dafür ein Getreidekorn. Führen Sie es zu den Decken. Das Kind legt sich hin und Sie decken es wiederum mit Decken zu, sodass nur der Kopf hinausguckt. Sobald alle Kinder liegen, sagen Sie: „Die Getreidekörner liegen in der Erde. Jetzt müssen sie nur noch wachsen, damit ich sie ernten kann. Die Körner brauchen Regen! Aber es gibt heute keinen Regen in der Kita. Dann muss ich selbst gießen." Gehen Sie mit der Gießkanne umher und tun Sie so, als würden Sie jedes Kind gießen. Und nun fehlt noch Sonne! Streicheln Sie jedem Kind „Sonnenstrahlen" auf den Kopf. Jetzt müssten die Körner eigentlich sprießen und Getreidepflanzen wachsen. Die Kinder beginnen, sich zu bewegen, knien sich hin, hocken sich hin und richten sich langsam auf. Gießen Sie weiter und schenken Sie Sonnenstrahlen, bis alle Kinder ganz gestreckt auf den Zehenspitzen stehen. Rufen Sie begeistert: „Toll! Nun kann ich ernten und meine Getreidepflanzen zur Mühle bringen!" Gehen Sie zu jedem Kind, heben Sie es kurz an und sagen Sie: „Geerntet!"

Zum Schluss treffen sich alle Kinder im Sitzkreis. Erläutern Sie den Kindern, dass das Getreide in eine Mühle gebracht wird. (Hier wäre ein Bild von einer Mühle sinnvoll.) Daraus wird dort Mehl gemahlen. Aus dem Mehl können wir Brot, Kuchen oder anderes backen.

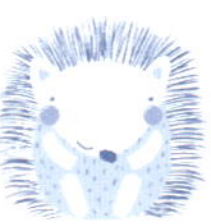

Frühstücksbrötchen backen

Alter: ab 3 Jahren
Teilnehmer*innenzahl: ab 1 Kind
Das benötigen Sie: *(für ca. 20 Brötchen)* 500 g Magerquark, 20 EL Milch, 15 EL Öl, 200 g Zucker, 2 Päckchen Vanillezucker, 2 Beutel Backpulver, 2 Eier, 1 TL Salz, 1 kg Vollkornmehl, Rührschüssel, Mixer mit Knethaken, Backblech, Backpapier, Ofen, Timer

So geht's

Die Kinder geben nacheinander die bereits abgemessenen Zutaten in die Schüssel (außer den Eiern, die schlagen Sie auf und geben sie hinzu). Sie kneten diese mit dem Mixer anschließend zu einem glatten Teig. Das Backpapier wird auf das Backblech gelegt. Die Kinder formen kleine Kugeln aus dem Teig und legen sie mit etwas Abstand auf das Blech. Sie drücken sie von oben ein wenig platt. Schieben Sie das Blech in den vorgeheizten Ofen und stellen Sie ihn auf 180 Grad ein. Stellen Sie einen Timer auf 30 Minuten. Nach dieser Zeit schauen Sie mit den Kindern, ob die Brötchen goldgelb und fertig gebacken sind. Dann werden sie zum Abkühlen beiseitegestellt. In dieser Zeit können die Kinder schon den Frühstückstisch decken. Alle genießen gemeinsam die ein wenig abgekühlten, aber noch lauwarmen Brötchen.

Brote ausstechen

Alter: ab 3 Jahren
Teilnehmer*innenzahl: ab 1 Kind
Das benötigen Sie: Keksausstechformen, verschiedene Brotsortenscheiben, Teller

So geht's

Jedes Kind sucht sich eine Brotscheibe aus und sticht ein Stück mit einer Keksausstechform aus. Die ausgestochenen Brote werden auf einen Teller gelegt und beim Frühstück oder der Vesper gegessen.

Hinweis

Die Brotreste, die nach dem Ausstechen übrig bleiben, können auf einem Resteteller gesammelt und den Kindern auch zum Verzehr angeboten werden.

Knusprige Brotchips backen

Alter: ab 3 Jahren
Teilnehmer*innenzahl: ab 1 Kind
Das benötigen Sie: dünne Brotscheiben (können älter sein), Schneidemesser, Schneidebrett, Olivenöl, Schälchen, Kräuterbutter, Topf, Messer, Backblech, Backpapier, Backofen, Schüssel

Vorbereitung

Füllen Sie das Öl in ein Schälchen. Erhitzen Sie die Kräuterbutter so, dass sie flüssig wird.

So geht's

Die Kinder schneiden das Brot in Stücke, so groß wie Chips. Sie legen diese auf Backpapier auf das Backblech. Nun nehmen sie mit einer stumpfen Messerspitze etwas Öl auf und träufeln es auf die kleinen Brotstücke. Die Kinder können auch mit Ihrer Hilfe etwas zerlaufene Kräuterbutter dazuträufeln. Dann kommt das Blech in den Ofen und die Brotchips werden bei 160 Grad zehn Minuten gebacken.

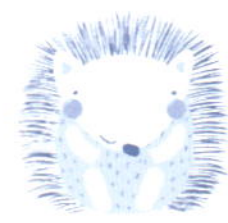

Fette und Öle

GUT ZU WISSEN

Durch das Aufnehmen von Fetten und Ölen mit der Nahrung werden Menschen mit **fettlöslichen Vitaminen** und **wertvollen Fettsäuren** versorgt. Diese enthalten aber auch sehr viele Kalorien und sollten deshalb grundsätzlich nur in kleinen Mengen verwendet werden. Es wird empfohlen, **höchstens zwei Esslöffel Fett** täglich zu sich zu nehmen.

Speiseöl wird aus Samen, Nüssen oder Früchten gewonnen. Es gibt viele Arten von Speiseölen, wie Olivenöl, Palmöl oder Sojaöl. Öl wird aus tierischen, pflanzlichen oder synthetischen Fetten hergestellt. Es gibt unterschiedliche Öle, die für warme Gerichte oder kalte Gerichte genutzt werden können. Für kalte Gerichte eignen sich vor allem **native und kalt gepresste Öle,** wie beispielsweise Leinöl, Walnussöl oder Kürbiskernöl. Für warme Gerichte eignen sich **raffinierte Öle und Fette,** insbesondere raffiniertes Rapsöl. Allgemein sollten **pflanzliche Fette und Öle bevorzugt** werden, weil sie die wertvollen ungesättigten Fettsäuren enthalten. Kokos- und Palmfett haben viele gesättigte Fettsäuren und sollten nicht so häufig verwendet werden. (Vgl. Verbraucherzentrale 2020, Fette und Öle für Kinder)

Butter gehört auch zu den fettreichen Nahrungsmitteln. Es gibt viele Arten, wie etwa gesalzene oder ungesalzene Butter oder Margarine. Sie sollten als Brotaufstrich verwendet werden. Aus Sahne, Milch oder auch Pflanzen können sie hergestellt werden.

Schwimmendes Öl

Alter: ab 3 Jahren
Teilnehmer*innenzahl: ab 1 Kind
Das benötigen Sie: Glas, Messbecher, Speiseöl, Wasser, Rührstäbchen

So geht's

Die Kinder messen 150 Milliliter Wasser mit dem Messbecher ab und geben es in das Glas. Anschließend wird dieselbe Menge Öl abgemessen und auf das Wasser gegossen. Was passiert? Das Wasser wird unten bleiben, während sich das Öl auf dem Wasser sammelt. Beides vermischt sich nicht. Nun darf ein Kind mit einem Rührstäbchen die Flüssigkeit im Glas umrühren. Die Kinder können beobachten, dass sich auch dann Öl und Wasser nicht vermischen. Fragen Sie sie, ob sie eine Erklärung dafür haben. Diese gilt es, zu überprüfen. Was passiert, wenn das Glas schief gehalten wird? Was passiert, wenn wir Papierschnipsel ins Glas werfen? Hintergrund: Öl und Wasser haben eine unterschiedliche Dichte. Wasser ist schwerer als Öl. Deshalb bleibt es unten und das Öl steigt immer nach oben.

Erdnussbutter selbst gemacht

Alter:	ab 3 Jahren
Teilnehmer*innenzahl:	ab 1 Kind
Das benötigen Sie:	500 g Erdnüsse, Backblech, Herd, Rührschüssel, Küchenmaschine, Erdnussöl, Esslöffel, Milch, Teller, Messer, Brot, Glas

So geht's

Zunächst schälen die Kinder die Erdnüsse. Nun werden sie geröstet. Dafür werden sie auf einem Backblech verteilt. Das Backblech wird für 15–20 Minuten bei 180 Grad in den vorgeheizten Ofen geschoben. Stellen Sie danach das Blech auf einem Tisch ab, sodass die Erdnüsse abkühlen können. Zerkleinern und mahlen Sie die Erdnüsse in einer Küchenmaschine, bis das Öl aus den Nüssen austritt und ein Mus entsteht. Um es cremiger zu machen, können die Kinder ca. 4 EL Erdnussöl hinzufügen. Die fertige Erdnussbutter kann mit Ihrer Hilfe in ein Glas gefüllt und sofort probiert werden. Wer möchte, macht sich ein Erdnussbutterbrot. Im Kühlschrank hält sich die Erdnussbutter ca. vier Wochen.

Hinweis

Bitte unbedingt darauf achten, dass kein Kind eine Nussallergie hat!

Süßigkeiten

GUT ZU WISSEN

Süßigkeiten stehen ganz oben an der Spitze der Ernährungspyramide. Es wird empfohlen, täglich **nicht mehr als eine Portion** (also eine Handvoll) davon zu essen. Insbesondere der hohe Anteil von Zucker ist für eine ausgewogene Ernährung nicht gut. Es werden auch Süßigkeiten ohne Zucker mit Süßstoffen oder Zuckeraustauschstoffen im Supermarkt angeboten. Sie enthalten allerdings Süßstoffe, die für Kinder nicht zu empfehlen sind. Kinder gewöhnen sich an den süßen Geschmack und sie lehnen nur schwach Gesüßtes danach oftmals ab. Zudem kann zu viel Süßstoff möglicherweise gesundheitlich schädlich sein. Auch natürliche Süßungsmittel, wie Honig oder Zuckerrübensirup, sind keine geeignete Alternative. Die in ihnen enthaltenen Vitamine und Mineralstoffe sind in dieser Menge zu gering, als dass sie einen Nutzen für den Menschen hätten.

Zu Süßigkeiten zählen nicht nur Kekse, Kuchen, Schokolade, Gummibärchen usw., sondern auch salzige Snacks, wie Kartoffelchips oder Salzbrezeln. Daneben gibt es noch andere süße Lebensmittel, die aufgrund ihres hohen Zuckergehalts in die Kategorie „Süßigkeiten" gehören. Dieses sind beispielsweise Limonaden oder süße Brotaufstriche sowie industriell hergestellte Desserts, wie Pudding oder Quark. (Vgl. Verbraucherzentrale 2020, Süßigkeiten und Snacks für Kinder)

Zucker liefert **Energie**. Das wissen alle, denen mal etwas „schummerig" war und die nach dem Verzehr einer Süßigkeit schnell wieder Kraft bekommen haben. Grundsätzlich ist der Verzehr von Zucker durch Süßigkeiten, rein physiologisch betrachtet, nicht nötig, denn der Körper ist in der Lage, selbst Glukose (Zucker) aus anderen Quellen herzustellen.

„Zucker ist schlecht für die Zähne" oder „Zucker macht dick" – das hat wahrscheinlich jede*r Erwachsene und jedes Kind schon einmal gehört. **Zucker** ist zu Unrecht in Verruf geraten. Mittlerweile wird Zucker in den Medien auch als Droge oder Gift eingestuft. Zucker ist sogar schon ein Politikum geworden. So wurde bereits in Großbritannien beispielsweise eine Strafsteuer auf gesüßte Limonaden eingeführt. (Vgl. Müller-Jung 2016)

Wassereis – ohne extra Zucker

Alter: ab 3 Jahren
Teilnehmer*innenzahl: ab 1 Kind
Das benötigen Sie: Wasser, Zahnstocher, Fruchtsaft (z. B.: Kirsch-, Orangen- und Apfelsaft), Eiswürfelbehälter, Gefrierschrank

So geht's

Die Kinder füllen Fruchtsaft in die Eiswürfelbehälter. Sie legen einen Zahnstocher mit hinein, sodass er herausguckt. Dann kommt alles in den Gefrierschrank. Wenn der Saft in den Eiswürfelbehältern gefroren ist, kann das selbst gemachte Fruchteis herausgenommen und probiert werden. Dabei heißt es: schnell sein, bevor es tropft!

Süße Power-Brote

Alter: ab 3 Jahren
Teilnehmer*innenzahl: ab 1 Kind
Das benötigen Sie: Vollkornbrotscheiben, Bananen, Messer, Teller, Kakaopulver

So geht's

Die Kinder schneiden die Bananen in dünne Scheiben. Sie legen sie auf ein Brot und streuen ein ganz klein wenig Kakaopulver drauf. Danach werden die Brote in kleine Stücke geschnitten und auf einem großen Teller drapiert. Anschließend darf sich jedes Kind mit einem süßen Power-Brot stärken.

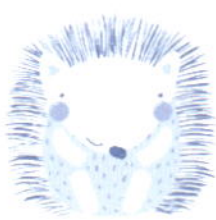

Zuckerdetektiv*innen

Alter: ab 4 Jahren
Teilnehmer*innenzahl: ab 4 Kinder
Das benötigen Sie: Verpackungen von Süßigkeiten und anderen Lebensmitteln, Malerkreppband für die Bodenmarkierung, Tisch

Vorbereitung

Rücken Sie die Möbel im Gruppenraum zur Seite, sodass eine große, freie Fläche entsteht. Sie können auch in den Flur oder in den Bewegungsraum (falls vorhanden) gehen, wenn dort mehr Platz zur Verfügung steht. Kleben Sie mit dem Malerkreppband auf dem Boden ein Rechteck ab – je nach Anzahl der Kinder so groß, dass sich alle Kinder dort mindestens mit ausgestreckten Armen um sich selbst drehen können. Die Verpackungen werden in diesem Rechteck verteilt.

So geht's

Die Kinder sind Zuckerdetektive und Zuckerdetektivinnen. Berichten Sie ihnen: „Es ist etwas passiert. Wir müssen den Fall lösen. Seht her. Irgendjemand hat einen ganzen Supermarkteinkauf gefuttert und einfach den Müll hier hingeworfen. Wir müssen herauskriegen, ob der, der das Chaos veranstaltet hat, zu viel Zucker gegessen hat. Falls ja, müssen wir ihm nicht nur mitteilen, dass er hier aufräumen muss, sondern auch, dass er möglicherweise lieber andere Dinge essen sollte. Ich bitte euch, mit der Detektivarbeit zu beginnen. Schaut euch alle Verpackungen an und legt die Verpackungen der Lebensmittel, die zu den Süßigkeiten zählen, hier auf den Tisch." Die Kinder schwärmen aus und begeben sich auf die Suche. Alle Fundstücke werden auf den Tisch gelegt. Am Ende versammeln sich alle darum und betrachten das Ergebnis. Überprüfen Sie gemeinsam mit den Kindern, ob das alles Verpackungen sind, in denen Süßigkeiten waren. Danach schauen Sie, ob etwas auf dem Fußboden übersehen wurde. Vielleicht ein Fruchtjoghurtbecher? Ein Puddingbecher? Oder eine Verpackung eines Müsliriegels? Erläutern Sie den Kindern, dass auch diese Produkte zu den Süßigkeiten zählen, weil sie viel Zucker enthalten. Zucker bewirkt ja, dass Lebensmittel süß schmecken. Was müssen wir dem Menschen sagen, der hier noch aufräumen muss? Hat er zu viel Süßes gegessen? Die Kinder geben ihre Einschätzung. Erklären Sie den Kindern, dass eine Handvoll Süßigkeiten pro Tag in Ordnung ist. Aber mehr sollte es nicht sein.

Das Frühstück in der Kita

Das Frühstück ist die **erste Mahlzeit des Tages,** die die Kinder in der Kita einnehmen können. Durch das gemeinsame Essen haben sie die Möglichkeit, ein ausgewogenes und möglicherweise anderes Essverhalten, als das, was sie von zu Hause kennen, kennenzulernen und zu praktizieren.

Auch aus ernährungsphysiologischer Perspektive ist das Frühstück in der Kita **wichtig.** Kinder sollten gleichmäßig über den Tag mit Energie und Nährstoffen versorgt werden. Ein Kind, das bereits zu Hause ausgiebig frühstückt, braucht beim Frühstück in der Kita nur einen kleinen Snack. Und Kinder, die zu Hause wenig oder gar nicht frühstücken, sollten beim Frühstück in der Kita mehr zu sich nehmen. (Vgl. Kinder- & Jugendärzte im Netz, Frühstück in der Kita 2004)

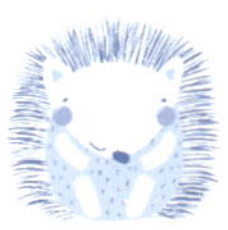

Das Frühstück als tägliches Bildungsangebot nutzen

Das gemeinsame oder in Kleingruppen pädagogisch begleitete Frühstück in der Kita bietet viele Möglichkeiten, um kindliche Bildungsprozesse anzuregen. Somit kann ein Frühstück als Bildungsangebot betrachtet werden. Die Voraussetzung dafür ist **ein bewusst durchdachtes und begleitetes Frühstück.** Die Nahrungsaufnahme ist zwar zunächst der Sinn des Frühstückes, aber viele weitere Bereiche in der Kita lassen sich damit verknüpfen, wie zum Beispiel:

- Namen der Lebensmittel kennenlernen und über Nahrungsmittel sprechen
- lernen, in Gemeinschaft zu essen
- lernen, Regeln einzuhalten
- Gruppengefühl stärken
- lernen, Tischgespräche zu führen
- lernen, den Tisch selbstständig zu decken und abzuräumen
- neue Lebensmittel ausprobieren

Gemeinsames Frühstück oder offene Frühstückszeit?

Es gibt verschiedene Möglichkeiten, wie Kinder in Kitas frühstücken können. In manchen Kitas wird mit den Kindern einer weiteren Gruppe zur selben Zeit im selben Raum gefrühstückt. In anderen Kitas gibt es einen Frühstückstisch und die Kinder dürfen im Laufe des Vormittags selbst entscheiden, wann sie essen möchten. Einige Kitas haben auch einen Raum als Kinderrestaurant eingerichtet, in dem die Kinder der ganzen Kita entweder zu einer selbst gewählten oder bestimmten Zeit eine Frühstückspause machen können. Die Gestaltung des Frühstücks ist abhängig vom jeweiligen Konzept der Kita, von der personalen Ausstattung und den Räumlichkeiten. Sowohl das gemeinsame Frühstück in der Gruppe als auch das offene, selbstbestimmte Frühstück haben Vorteile und Nachteile, wie der folgende Vergleich zeigt:

Gemeinsames Frühstück

Gemeinsame Mahlzeiten verbinden und stärken das Gruppengefühl. Am Tisch finden Tischgespräche statt und die Gruppe sitzt beisammen. Die pädagogischen Fachkräfte können beim Essen als Modell für die Kinder wirken. Sie bringen interessante Lebensmittel mit, essen in Ruhe und mit Genuss und regen zu Gesprächen an. In einer großen Gruppe ist die Chance größer, dass Kinder auch ihnen unbekannte Lebensmittel probieren. Viele Menschen haben in einer gemütlichen Runde, in der gegessen wird, auch mehr Appetit. Zudem ist die Chance größer, dass vielfältige Nahrungsmittel auf den Teller kommen, je größer die Gruppe ist, die gerade frühstückt. Genauso kann das gemeinsame Frühstück aber in einer großen Gruppe auch unruhig verlaufen oder dazu führen, dass sich die Kinder leicht ablenken lassen – oder auch sich „abgucken", was andere Kinder essen und was eben auch nicht.

Freie Frühstückszeiten

Das freie Frühstück entweder allein oder mit anderen Kindern zusammen am dafür vorgesehenen Frühstückstisch hat den Vorteil, dass die Kinder selbstbestimmt entscheiden können, zu welcher Zeit, wie lange und mit wem sie frühstücken möchten. Sie organisieren ihr Frühstück größtenteils selbst. So ist es möglich, dass eine Tätigkeit, der sie gerade nachgehen, nicht durch das gemeinsame Frühstück unterbrochen werden muss. Sie essen dann, wenn es ihrem Bedürfnis entspricht. So können sie ihr Frühstück darauf ausrichten, ob sie gerade hungrig sind oder nicht. Nicht alle Kinder haben zur selben Zeit Hunger. Manche haben gerade zu Hause viel gefrühstückt und sind satt und andere haben noch gar nichts gegessen und müssen erst einmal frühstücken, wenn sie in die Kita kommen. Die Essenssituation kann mit wenigen Kindern am Tisch ruhiger und auch konfliktfreier werden. Es kann aber auch passieren, dass Kinder so vertieft in ihr Spiel oder eine andere Aktion sind, dass sie nicht selbstständig zum Essen gehen und es unter Umständen ganz vergessen.

Wechsel von Gruppen- und individuellem Frühstück

Beide Formen der eben beschriebenen Frühstücksorganisation haben Vor- und Nachteile. Deshalb ist es ratsam, sie wechselnd einzusetzen. Es sollte eine pädagogische Fachkraft mit am Tisch sitzen oder/und die Kinder unterstützen, wenn sie Hilfe benötigen. Eine komplette Selbstorganisation des Frühstücks entspricht nicht ihrem Entwicklungsstand.

Häufig bringen die Kinder ein Frühstück von zu Hause mit. In vielen Kitas gibt es einmal pro Woche ein Frühstück, das die pädagogischen Fachkräfte mit den Kindern vorbereiten und das unter einem bestimmten Thema steht (z. B.: Müsli-Frühstück, Brötchen-Frühstück). In anderen Kitas gibt es ein Büfett, von dem sich die Kinder das nehmen, auf das sie gerade Appetit haben. Diese verschiedenen Formen können als Anlass genommen werden, um den Rahmen und die Regeln festzulegen, wie zum Beispiel: Beim Frühstück, isst die Gruppe gemeinsam. An den Tagen, an denen die Kinder ihr Frühstück von zu Hause mitbringen, gibt es freie Frühstückszeiten.

Frühstück für Kinder aus sozial benachteiligten Familien

Wenn viele der Kinder aus von Armut betroffenen Familien kommen, sollte die Kita das Frühstück stellen. Auch wenn es nicht immer sichtbar ist, so kann es vorkommen, dass

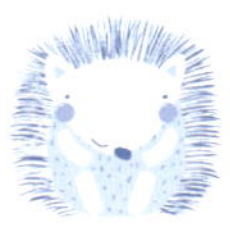

Kinder unter Mangelernährung leiden. Der Ernährungsmediziner der Universität Hohenheim Biesalski bemerkt, dass Menschen, die sparen müssen, preisgünstige Lebensmittel einkaufen müssen. (Vgl. Bundeszentrum für Ernährung 2020) Untersuchungen brachten jedoch hervor, dass die Lebensmittel qualitativ schlechter werden, je weniger sie kosten. Das bedeutet, dass die Menge an den Mikronährstoffen, die enthalten sind, mit dem Preis des Produktes abnehmen. Dabei nimmt allerdings der Energiegehalt der Lebensmittel zu. Wer gezwungen ist, sich so zu ernähren, läuft Gefahr, übergewichtig zu werden und dabei mit Mikronährstoffen unterversorgt zu sein. Hier kann die Kita mit einem regelmäßigen und vollwertigen Frühstück einen wichtigen Beitrag leisten.

Praxis-Ideen für das Kita-Frühstück

Kinder können sehr gut an der Gestaltung des Frühstücks beteiligt werden. Im Folgenden werden einige Impulse und Anregungen dafür gegeben.

Bunte Gemüse-Brot-Spieße

Alter: ab 3 Jahren
Teilnehmer*innenzahl: ab 1 Kind
Das brauchen Sie: Gemüse (z. B.: Gurke, Paprika und was die Kinder sonst gern essen und weich ist), Vollkorntoastbrot, Schneidemesser, Schneidebretter, Holzspieße, große Teller

So geht's

Die Kinder waschen und schneiden das Gemüse in kleine Stücke. Auch das Brot wird von ihnen in kleine Häppchen geschnitten. Nun spießen sie die Stücke auf einen Holzspieß. Alle selbst kreierten Gemüse-Brot-Spieße werden dekorativ für das Frühstück auf große Teller gelegt.

Müsli-Bar

Alter: ab 3 Jahren
Teilnehmer*innenzahl: ab 1 Kind
Das benötigen Sie: Haferflocken, Kürbiskerne, Sonnenblumenkerne, Haferpops, Trockenfrüchte (z. B.: Rosinen, Datteln, Aprikosen, Pflaumen), frisches Obst (Äpfel, Weintrauben, Bananen), Milch, Joghurt, Schälchen, Löffel

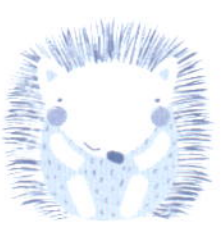

So geht's
Die Kinder füllen die Körner und das Getreide in Schälchen ab. Sie waschen und schneiden das Obst in kleine Stücke und geben diese in Schälchen. Auch Trockenfrüchte, Milch und Joghurt werden in Gefäße gefüllt. Alles wird auf den Tisch gestellt. Erläutern Sie den Kindern, um welche Lebensmittel es sich handelt. In jede Schüssel wird ein Löffel gelegt. Dann geht's los! Die Kinder nehmen sich ein Schälchen und einen Löffel und stellen sich ihr eigenes Müsli zusammen. Es schmeckt bestimmt lecker.

Lustige Frühstücksbrote

Alter: ab 3 Jahren
Teilnehmer*innenzahl: ab 1 Kind
Das brauchen Sie: geschnittenes Brot, Butter, Käsescheiben, Salatblätter, Gurkenscheiben, rote und gelbe Paprikastreifen, Petersilie, Wurstauflage, Kresse usw., Schneidemesser und Frühstücksmesser, Schneidebretter, Teller, Schälchen, Fotoapparat

Vorbereitung
Verteilen Sie die Frühstückszutaten auf Teller und Schälchen. Entkernen Sie das Gemüse und schneiden Sie es grob klein. Stellen Sie alles auf den Tisch.

So geht's
Jedes Kind bekommt einen Frühstücksteller, auf dem das lustige Brot gestaltet wird, ein Messer und eine Scheibe Brot. Nun können die Kinder Gemüse, Käse und Wurst auf einem Brettchen in die gewünschte Form bringen und es nach ihren Wünschen auf dem Brot platzieren. Sie können zum Bespiel runde Wurstscheiben als Augen, eine Möhrenscheibe als Nase und zwei Paprikastreifen als Lippen legen. Kresse und Petersilie können die Haare sein. Wenn ein Brot fertig ist, wird es fotografiert, denn langlebig sind die Kunstwerke nicht. Die Kinder präsentieren sich abschließend ihre lustigen Brote und essen sie auf.

Variation
Aus den Fotos wird ein Rezeptbuch gemacht, welches jedes Kind mit nach Hause nehmen kann. Zu jedem Foto wird der Name des Brotes (den sich das entsprechende Kind

ausgedacht hat) dazugeschrieben. Die Bilder sind selbsterklärend und bieten eine Anregung für die Eltern, die jeden Tag aufs Neue die Frühstücksbox füllen müssen.

Impulse für Tischdekorationen

Um eine schöne, besondere Atmosphäre zu schaffen und das zubereitete Essen damit zu würdigen, können die Kinder Tischdekorationen gestalten. Die Gestaltung des Tisches kann aber auch ganz den Kindern überlassen werden. Sie kommen manchmal auf ganz neue Ideen, wie Tischdekorationen aus Bausteinen oder Knetgummi zu arrangieren. Im Folgenden finden Sie ein paar Anregungen:

- Tischdecken und Stoffservietten bedrucken (mit Korken oder Naturmaterialien, z. B:. Blumenblüten im Sommer oder Blätter im Herbst; mit Händen, Fingern oder Füßen, Zehen; mit Kartoffeln Stempel schnitzen, die Stempelfläche muss dabei glatt sein und kurz mit einem Tuch abgetupft werden, bevor gestempelt wird)
- Papierservietten in unterschiedliche Formen falten und auf oder neben den Teller legen (z. B.: Hüte, Boote, Dreiecke)
- Papierblumen basteln und in eine Vase auf den Tisch stellen
- Steine bemalen und auf dem Tisch drapieren
- Tischlichter gestalten (z. B.: Gläser mit Transparentpapier bekleben und ein Teelicht hineinstellen)

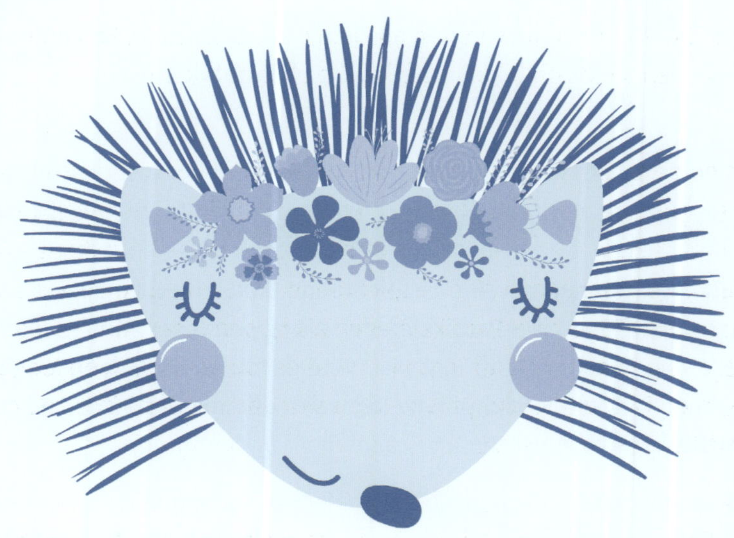

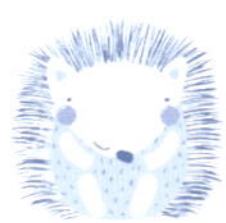

Die Essenssituation kindgerecht gestalten

Nicht nur, was die Kinder essen, ist wichtig für die Gesunderhaltung der Kinder, sondern auch **wie** gegessen wird. Dazu zählt, dass der Esstisch in der Kita sauber, gedeckt und gern auch dezent dekoriert sein sollte. Eine **gemütliche, entspannte Atmosphäre** rund um die Essenssituation ermöglicht, dass die Kinder in Ruhe essen können. Dabei gibt es genügend Raum für Tischgespräche und ein genussvolles Speisen, bei dem die Kinder auch offener sind, Neues auszuprobieren.

Die Kinder decken den Tisch

Kinder sollten in der Kita lernen, den Tisch richtig einzudecken. Wie viele Teller brauchen wir? Wo wird das Besteck hingelegt? Brauchen wir Gabeln oder Löffel? Sinnvoll ist ein **Tischdienst.** Jeweils zwei Kinder sind für eine Woche für das Tischdecken zuständig und werden dabei von einer pädagogischen Fachkraft unterstützt. So erlernen die Kinder es nicht nur, sondern übernehmen auch Mitverantwortung für das gemeinsame Essen. Die Kindergruppe kommt dann zur Essenszeit und darf sich an den gedeckten Tisch setzen. Das erspart viel Unruhe.

Die Essensituation bekommt eine besondere Bedeutung, wenn durch eine schöne **Beleuchtung** (z. B.: eine Lichterkette oder eine LED-Kerze auf den Tisch legen/stellen), eine besondere Tischdekoration, die die Kinder selbst gestaltet haben, oder durch besonders hübsche Servietten oder Tischdecken eine angenehme Atmosphäre erzeugt wird. Auch hier kann es einen Kinderdienst geben, der für die Dekoration im Essensraum oder/und am Esstisch verantwortlich ist.

Essensregeln und Tischmanieren

Tisch- und Essensmanieren sind nicht nur eine kulturelle Fähigkeit, die Kinder erlernen sollten, sondern sie tragen auch zur Ruhe beim Essen bei. Wenn jedes Kind weiß, wie was gegessen wird und was beim Essen erwünscht ist und was nicht, gibt es keine Diskussionen und weniger Konflikte. Der gemeinsame Beginn des Essens nach einem **Tischspruch** gehört meist zu den Grundregeln in der Kita.

Weitere **Essensregeln,** die den Kindern in der Kita vermittelt werden sollten, sind folgende:

- Ich bleibe beim Essen sitzen.
- Das Besteck wird zum Essen benutzt.

- Ich nehme lieber mehrmals kleine Portionen als eine große Portion, die ich nicht aufessen kann.
- Wenn etwas nicht gemocht wird, darf es an den Tellerrand geschoben werden und bleibt dort liegen.

Viele Tischsitten und Essgewohnheiten sind schon in Familien eines Landes nicht immer gleich. Noch größer kann der Unterschied zu anderen Ländern sein. Für Kinder ist es interessant, die **Tischsitten anderer Kulturen** kennenzulernen und sich auch einmal darin ausprobieren zu können. Geben Sie ihnen diese Möglichkeit und essen Sie mit den Kindern beispielsweise wie in einigen Ländern Asiens oder Afrikas (vgl. Floto-Stammen 2009, S. 42 ff.):

- mit Stäbchen statt mit Besteck
- Suppe schlürfend, statt mit einem Löffel (Die Flüssigkeit wird dabei geräuschvoll eingesaugt, sodass mehr Luft in den Mund kommt. Dieses dient dazu, dass sich der Geschmack besser entfalten kann.)
- auf dem Fußboden sitzend

Manchmal spielt auch **Religion** eine Rolle für bestimmte Essgewohnheiten und Tischsitten in einer Familie oder auch in einer Kita. So ist es nach dem muslimischen Glauben beispielsweise verboten, Schweinefleisch zu essen. Schweine sind Allesfresser und gelten deshalb als unrein (vgl. Floto-Stammen 2009, S. 43). Auch im christlichen und jüdischen Glauben sowie anderen Glaubensrichtungen gibt es typische Essensregeln oder Bräuche, die nur dort üblich sind. Möglicherweise gibt es in Ihrer Gruppe Kinder, die den anderen Kindern davon berichten können.

SACHBUCHTIPPS FÜR KINDER

Wills, Anna/Tomm, Nora: **Wimmelplakate der 5 Weltreligionen:** 5 Plakate und 6 große Infokarten mit über 200 Sachtexten, Beltz & Gelberg: Weinheim 2018.

Kinder dürfen nicht zum Essen gezwungen werden

In vielen Kitas gilt viel zu oft noch die Regel, dass jedes Essen (immer wieder aufs Neue) probiert werden muss. Manchmal wird gesagt, dass die Kinder das aufessen müssen, was sie sich auf den Teller getan haben. Es kommt leider auch zu Androhungen, dass Kinder keinen Nachtisch bekommen, wenn sie nicht (nach Augenmaß der pädagogi-

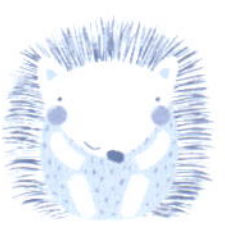

schen Fachkraft) ausreichend gegessen haben. Das ist nicht nur psychische Gewalt, sondern der Zwang zum Essen ist auch körperliche Gewalt.

Essen und Trinken ist etwas sehr Intimes. Jede*r darf über die Nahrungsaufnahme **selbst entscheiden.** Ausnahmen sind medizinisch bedingt, wie etwa beim Schlucken von Medikamenten.

In der Kita sollten die Kinder eine **Auswahl an Nahrungsmitteln** angeboten bekommen und die Entscheidung, ob und wie viel davon gegessen und getrunken wird, trifft das Kind. Motivieren im Sinne einer Ernährungsbildung ist dabei völlig in Ordnung, aber die **Entscheidung liegt beim Kind selbst.** Wie schlimm es sich anfühlt, zum Essen gezwungen zu werden, können sich Erwachsene vergegenwärtigen, wenn sie aus Anstand schon einmal etwas gegessen haben, was sie überhaupt nicht mochten. (Vgl. Maywald 2019, S. 52 ff.)

Kinder, die zum Essen gezwungen werden, verbinden das Essen bestimmter Speisen oder die entsprechenden Essenssituationen mit schlechten Gefühlen. Dieses kann auch zu einer Form von Essstörung führen. (Vgl. Handelskrankenkasse 2021)

Natürliches Hunger- und Sättigungsgefühl bewahren

Menschen haben von Geburt an ein System, das das Hunger- und Sättigungsgefühl reguliert. Das ist sinnvoll, denn dadurch stabilisiert es langfristig das Gewicht des Menschen. Und es ist garantiert, dass der Körper genügend Nährstoffe aufnimmt. Das Gefühl der Sättigung kommt nicht nur, wenn der Magen voll ist, sondern über vielerlei Mechanismen kann der Körper feststellen, ob der Mensch gerade Nahrung braucht oder nicht. Dieses **natürliche Regulationssystem** sollte Kindern erhalten bleiben. Wenn sie Essensportionen nicht selbst bestimmen können oder immer aufessen müssen, verlernen Kinder mit der Zeit, ihre Körpersignale wahrzunehmen und richtig zu deuten. Stattdessen kommen die Signale von außen: Wenn der Teller leer ist, bist du fertig mit dem Essen und satt. Manche Erwachsene, die viel Diäterfahrung gemacht haben, erfahren, dass ihnen das Gespür für sich selbst abhandenkommen kann. Sie unterdrücken das Hungergefühl, essen nicht, bis sie satt sind. Verbieten und erlauben sich Essen nach einem externen Plan.

Essen sollte **niemals als Erziehungsmittel** eingesetzt werden: „Wenn ihr schnell den Gruppenraum aufräumt, gibt es eine Gummibärchenrunde!" oder „Es gibt keinen Keks im Abschlusskreis für die, die nicht beim Aufräumen mithelfen!" Beim Essen geht es um ein **körperliches Bedürfnis** oder eine **Lust auf ein bestimmtes Essen** und nicht um Belohnung und Bestrafung.

Auffälliges Essverhalten von Kindern einordnen

Manche pädagogischen Fachkräfte beobachten, dass ein Kind über einen bestimmten Zeitraum nur eine ganz eingeschränkte Anzahl von Nahrungsmitteln zu sich nimmt oder dass ein Kind immer nur dasselbe isst und sich weigert, Neues zu probieren, oder auch dass ein Kind sehr wenig isst. Die pädagogischen Fachkräfte können hier die Sorge haben, dass das jeweilige Kind zu wenig Nährstoffe bekommt und unterversorgt ist. Diese Sorge ist in der Regel unbegründet. Viele Kinder im Vorschulalter zeigen über kürzere oder längere Zeiträume derartiges Essverhalten. Ein **Grund zur Beunruhigung** ist es aber, wenn wahrgenommen wird, dass das Kind sich körperlich nicht im Rahmen des Normalen entwickelt, es oft krank ist oder über längere Zeit einen unglücklichen Eindruck macht. Hier sollte das **Gespräch mit den Eltern** gesucht werden mit der Bitte, diese Wahrnehmung ärztlich abklären zu lassen.

Die klassischen Essstörungen, wie Magersucht oder Bulimie, tauchen bei Kindern im Vorschulalter in dieser Form nur in einzelnen Fällen auf. (Vgl. Bundeszentrale für gesundheitliche Aufklärung 2019) Kinder, die im Rahmen des Normalen Phasen eines auffälligen Essverhaltens haben, sind nicht einer größeren Gefahr ausgesetzt, zu einem späteren Zeitpunkt eine Essstörung zu entwickeln.

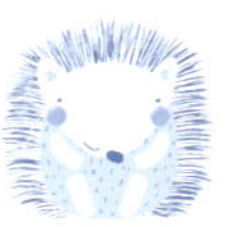

„Mmh, lecker!“ – Fachkräfte als Vorbilder

Kinder lernen durch Beobachtung und imitieren das, was sie sehen. Zur Orientierung dienen ihnen Vorbilder, wie Elternteile, ältere Geschwister oder andere Kinder – und natürlich auch die pädagogischen Fachkräfte in der Kita. Deshalb sollten Sie das, was Sie den Kindern vermitteln möchten, **selbst vorleben.** So sollten Sie beispielsweise ausschließlich gesundes Frühstück mitbringen, neugierig ihnen unbekannte Speisen probieren, aber auch mal mit Lust und Genuss ein Stück Kuchen essen.

Eigenen Standpunkt im Team entwickeln

Wichtig ist, dass alle pädagogischen Fachkräfte ihre eigenen Vorstellungen einmal **reflektieren** und gemeinsam im Team **besprechen.** Die Klärung der folgenden Fragen gibt dabei Hilfestellung, Regeln genauer zu **definieren,** die von allen Teammitgliedern getragen und umgesetzt werden:

- Welche Tischregeln gelten bei uns in der Kita-Gruppe?
- Welche Regeln sind uns sehr wichtig?
- Welche Regeln dulden wir?
- Was verbieten wir sofort?
- Was machen wir, wenn ein Kind sich nicht an die Regeln hält?
- Welche Kinder können sich noch nicht so gut an alle Regeln halten?
- Welche Unterstützung brauchen die Kinder?
- Sollen die Kinder warten, bis alle mit dem Essen fertig sind?
- Muss jedes Kind jedes Essen probieren?
- Bekommt ein Kind Nachtisch, auch wenn es das Hauptgericht nicht gegessen hat?
- Dürfen Kinder den Nachtisch vor dem Hauptgericht essen?
- Dürfen Kinder beim Essen spielen?
- Dürfen sich die Kinder selbst Essen auf den Teller tun?
- Müssen die Kinder ihren Teller leer essen?

Kleinere Ernährungs-Projekte in der Kita

Das Thema Ernährung bietet viele Ausgangspunkte, um kleinere Projekte mit Kita-Kindern durchzuführen. Ernährung betrifft jeden Menschen. Jede*r isst und trinkt mehrmals am Tag. Kinder sind bei **praktischen Projekten** meist sehr motiviert dabei, denn hier dürfen sie sich etwas ausdenken, was verwirklicht wird und „in echt" von ihnen und anderen gebraucht bzw. konsumiert wird. Insbesondere junge Kinder sind begeistert davon, wenn sie „wie die Erwachsenen", Essen selbst zubereiten dürfen. Und da alle gern essen und trinken, können auch andere Menschen (Eltern oder Kita-Kinder) sehr gut teilhaben.

Einladung zum Nachmittagssnack

Alter:	ab 3 Jahren
Teilnehmer*innen:	Kinder der Kita-Gruppe und ihre Eltern und/oder Freund*innen
Das benötigen Sie:	verschiedene Zutaten, je nach Auswahl des Essens- und Getränkeangebots der Kinder; Materialien für die Tischdekoration, Einladungskarten

Vorbereitung

- Erläutern Sie den Kindern die Idee: Wir laden die Eltern zu einem gemütlichen Nachmittag in unseren Gruppenraum ein und bieten ihnen etwas zum Essen und zum Trinken an.
- Welches Essen/Trinken passt zu einem gemütlichen Nachmittag? Die Kinder sammeln Ideen. Während Erwachsene „Kaffee und Kuchen" o. Ä. im Kopf haben, haben die Kinder möglicherweise andere Vorschläge. Oft greifen Kinder auf das zurück, was sie bereits kennen. Wenn die Kinder in der Kita bereits etwas gebacken oder zubereitet haben, werden sie vielleicht dieses vorschlagen.
- Die Ideen der Kinder werden besprochen. Es gibt einige Kriterien, die bei der Auswahl berücksichtigt werden sollen (z. B.: Allergien/Unverträglichkeiten, Zeitaufwand zur Vorbereitung des Essens).
- Die Kinder entscheiden sich für ein Essen und das Getränkeangebot (z. B.: Waffeln, Bananenbrot backen; Kakao selbst mischen; Tee, Kaffee kochen, Obst und Käsewürfel auf Holzspieße stecken oder als Tierformen gestalten).

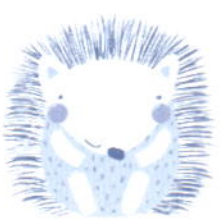

- Anschließend wird mit den Kindern ein Plan zur Durchführung erstellt. Dabei muss die Klärung folgender Fragen von Ihnen festgehalten werden:
  Was müssen wir einkaufen? Wer kauft wann ein? Wer bereitet das Essen am Vormittag zu? Wo lagern wir es, bis die Eltern kommen? Wer gestaltet Einladungen für alle Eltern? Wie könnte eine Tischdekoration aussehen? Wer macht die Tischdekoration?
- Legen Sie Zuständigkeiten für die einzelnen Projektschritte fest (kleine Gruppen bilden).

Durchführung

Nachdem die vorbereitenden Schritte und alle Planungen für die Einladung zum Nachmittagssnack abgeschlossen sind, kann die Umsetzung des Projekts beginnen. Die Einladungskarten sollten rechtzeitig angefertigt und an die Eltern verteilt werden. Dazu kann es auch schon vorher einen Terminhinweis in einem Elternrundschreiben geben. In Kleingruppen können die Kinder beim Einkauf der Zutaten und Materialien mithelfen. Das kann idealerweise mindestens einen Tag vor dem Ereignis erfolgen, damit am Angebotstag selbst genügend Zeit für die Vorbereitung der Speisen und Getränke bleibt. Je nach vorheriger Einteilung finden sich die Kinder am Vormittag in Kleingruppen zusammen und fertigen ihren Projektbeitrag an. Unterstützen Sie die einzelnen Gruppen und helfen Sie ihnen bei der Umsetzung. Holen Sie sich eventuell Hilfe von Kolleg*innen, damit jede Gruppe von einem*einer Erwachsenen begleitet werden kann. Beim Begrüßen der Gäste sind sicher alle aufgeregt und freuen sich, ihr Angebot präsentieren zu können. Klären Sie im Vorfeld die Verantwortlichkeiten während des Nachmittagssnacks ab: Wer gibt das Essen, die Getränke aus? Werden die Snacks an den Tisch gebracht oder bedienen sich die Gäste an einem Büfett? Gibt es eine offizielle Begrüßung? Wer hilft beim Aufräumen nach der Veranstaltung? Es macht viel Spaß, sich mit den Kindern einen Ablauf zu überlegen und ihn umzusetzen. Alle sind sicher sehr stolz und das gemeinsame Erlebnis wirkt sich positiv auf das Gruppengefühl aus.

Ein Kita-Café eröffnen

Alter: ab 3 Jahren

Teilnehmer*innen: Kinder einer Kita-Gruppe als „Betreiber*innen" des Cafés, Kinder aus der eigenen und/oder anderen Kita-Gruppen als „Gäste"

So geht's

Stellen Sie Ihren Plan vor, ein Kita-Café zu eröffnen. Was wird benötigt?

- **Ort:** je nach den räumlichen Möglichkeiten in einem Differenzierungsraum, auf dem Flur, in einem abgetrennten Teil eines Gruppenraumes
- **Aussehen:** ca. drei Tische mit Stühlen und ein Tresen (Tisch oder halbhohes Regal), Tischdekoration, eine „spanische Wand"/ein Raumteiler als Abgrenzung vom Spielbereich der Kinder
- **Öffnungszeiten:** freitags nach dem Mittagessen von 13.30 Uhr – 14.30 Uhr (oder zu einer anderen Zeit, je nach Möglichkeiten)
- **Mitarbeiter*innen:** vier oder fünf Kinder einer Gruppe als „Betreiber*innen" des Cafés (das kann von Woche zu Woche wechseln)
- **Angebot:** Es werden immer drei Angebote während der Woche von den Kindern, die das Café betreiben, vorbereitet. Es sollen Speisen sein, die sich also mindestens einige Tage lang halten, zum Beispiel: zuckerfreie Cookies und Kuchen, selbst gemachtes Wassereis, selbst gemachtes Brot mit besonderem Aufstrich, selbst gemachte, zuckerfreie Limonade oder Smoothies.
- **Angebotskarte:** Jede Woche wird mit Fotos eine Speisekarte erstellt und in der Kita (oder nur im Gruppenraum) ausgelegt und/oder aufgehängt.
- **Service:** Zwei oder drei Kinder sind als Kellner*innen im Dienst. Sie bekommen eine Schürze umgebunden. Die anderen Kinder stehen hinter dem Verkaufstresen. Die Kellner*innen nehmen Bestellungen auf und servieren. Nach jedem Gast wischen sie den Tisch ab.
- **Bezahlung:** Hier könnte man so eine Art Spielgeld einführen oder eine Café-Marke, die jedes Kind der Kita morgens im Morgenkreis erhält und dann später im Café einlösen kann, wenn es möchte.

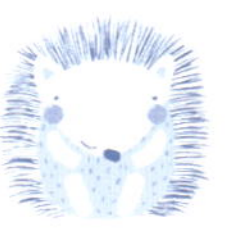

Wie die Großen: Coffee to go auf dem Außengelände

Alter: ab 3 Jahren
Teilnehmer*innen: Kinder einer Gruppe oder alle Kinder der Kita
Das benötigen Sie: verschiedene Zutaten, je nach Auswahl des Getränkeangebots, Trinkbecher, Karaffen/Kannen für die Getränke, Tisch, ggf. Sitzgelegenheiten

So geht's

Der „Coffee to go" ist jetzt auch in der Freispielzeit auf dem Außengelände zu haben! Zwei Kinder und eine pädagogische Fachkraft bauen dafür einen Tisch – in einer ruhigen Ecke, ohne Durchgangsverkehr mit spielenden Kindern – auf. Sie bieten zwei Sorten Getränke „to go" an. Dabei sollte das „to go" nicht wortwörtlich genommen werden, denn das Kind, das ein Getränk hat, muss es im Stehen oder Sitzen trinken und anschließend den Becher zurückbringen.

Angebot für kältere Tage:

- Kinderkaffee (geschäumte Milch mit etwas Kakaopulver) und Kaffee für die erwachsenen Mitarbeiter*innen
- 2 verschiedene Teesorten (schon etwas abgekühlt)

Angebot für wärmere Tage:

- Fruchtsaftschorlen mit Eiswürfeln
- Wasser mit Eiswürfeln aus Fruchtsaft
- kalter Tee
- Wasser mit Orangenscheiben/Zitronenscheiben

Das Schöne ist, dass niemand etwas für die Getränke bezahlen muss.

Elternabend: Für eine gesunde Ernährung sensibilisieren

Die pädagogischen Fachkräfte und die Eltern sind die Haupteinflussfaktoren eines Kita-Kindes. Beide sind maßgeblich an der Gesunderhaltung des Kindes beteiligt. Ernährungsbildung findet in der Kita und zu Hause statt. Es ist sinnvoll, **Eltern** über optimale Ernährungsgewohnheiten und Essgewohnheiten **zu informieren,** damit sie diese, soweit es ihnen möglich ist, im Familienalltag auch umsetzen können. Dies können Sie am besten bei einem **Elternabend** tun. Die Form und genauen Inhalte hängen selbstverständlich vom Wissensstand der Eltern und dem familiären Umfeld ab. Wie halten sie es mit der Ernährung ihrer Kinder? Geben sie ihnen ein gesundes Frühstück mit? Greifen sie auf zuckerhaltige Kinderlebensmittel zurück? Wie ist der soziale und kulturelle Hintergrund der Familien? Die Fragen gilt es zu klären und nicht „besserwisserisch" auf die Eltern zuzugehen, sondern ihnen verständnisvoll zu begegnen und sie für gesunde Ernährung zu sensibilisieren. Im Folgenden finden Sie Anregungen für einen **praktischen Impuls** auf einem Elternabend. Je nach Bedarf kann das Angebot ausgewählt und angepasst werden. Nur Sie kennen die Eltern der Ihnen anvertrauten Kinder und wissen, wie diese am besten zu erreichen sind.

Spurensuche – Zucker in Lebensmittelprodukten finden

Das benötigen Sie: Papier, Stift, Schere

Vorbereitung

Erstellen Sie Begriffskarten und schreiben Sie auf jeweils ein Kärtchen einen der folgenden Begriffe: Zuckerrübensirup, Dextrin, Dextrose, Dicksaft, Raffinadezucker, Fruchtextrakt, Joghurtpulver, Karamellsirup, Laktose, Magermilchpulver, Vanillinzucker, Milchzucker, Fruchtpüree, Maltodextrin, Maltose, Polydextrose, Oligofruktose, Gerstenmalzextrakt, Saccharose, Weizendextrin, Rohrzucker, Vollmilchpulver, Traubenzucker.

So geht's

Legen Sie die Kärtchen verteilt auf dem Boden aus. Erläutern Sie, dass diese Begriffe gängige Zutaten sind, die auf Lebensmittelverpackungen zu lesen sind. Bitten Sie die Eltern, die Begriffe zu sortieren in „bedeutet Zucker" und „bedeutet etwas anderes als Zucker". Anschließend lösen Sie auf: Alle Begriffe sind Begriffe für eine Art Zucker. Viele sind sozusagen Tarnnamen für Zucker, die wir überlesen (weil sie uns fremd sind) und bei denen wir nicht darauf kommen, dass sie Zucker bedeuten. Es gibt übrigens noch viel mehr Begriffe, mit denen Zucker gemeint ist.

Variation

Geben Sie den Eltern die Möglichkeit, sich in Ruhe Zutatenlisten von Lebensmitteln anzuschauen. Diese verraten den Zuckergehalt des Produktes. Die Zutat, die an erster Stelle steht, hat den größten Anteil am Produkt, die an der zweiten Stelle, den zweitgrößten Anteil usw. Da man sich im Supermarkt (insbesondere mit kleinen Kindern) selten die Zeit nimmt, die Zutatenliste zu studieren, haben hier die Eltern Gelegenheit, dieses zu tun und sich mit anderen auszutauschen.

HINWEIS

Natürliche Mittel zum Süßen, wie Honig oder Zuckerrübensirup, sind keine gesunde Alternative zum Zucker. Die Konzentration der darin enthaltenen Nährstoffe und Vitamine ist zu gering, als dass der Mensch einen Vorteil davon hätte (s. S. 60).

Ratespiel – Wie viel Zucker ist in Lebensmitteln drin?

Das benötigen Sie: 1 Glas Limonade, 150 g Fruchtjoghurt, 1 Glas Fruchtsaft, 200-g-Packung Fruchtgummi, 1 Apfel, 1 Glas Schokoladencreme, 1 Portion Ketchup auf einem Teller oder als einzelne Packung, 1 Teller Schoko-Knuspermüsli, 1 Riegel Schokolade, 1 l Mineralwasser, ca. 170 Zuckerstücke in einer Schüssel

Vorbereitung

Platzieren Sie die Lebensmittel mit etwas Abstand nebeneinander und stellen Sie eine Schüssel mit Würfelzucker dazu.

So geht's

Die Eltern haben nun die Aufgabe, jeweils so viele Zuckerstückchen neben das jeweilige Produkt zu legen, wie sie meinen, dass dort enthalten sind. In der Gruppe beraten sich die Eltern am besten und ein Elternteil zählt nach Ansage der anderen die Würfel ab und baut sie entsprechend auf dem Tisch auf. Abschließend wird das Ergebnis betrachtet und Sie können berichtigend auflösen:

- 1 Glas Limonade: ca. 9 Zuckerstücke
- 150 g Fruchtjoghurt: ca. 6 Zuckerstücke
- 1 Glas Fruchtsaft: ca. 7 Zuckerstücke
- 200-g-Packung Fruchtgummi: ca. 52 Zuckerstücke
- 1 Apfel (mittelgroß): ca. 4 Zuckerstücke
- 1 Glas Schokoladencreme: ca. 83 Zuckerstücke
- 1 Portion Ketchup: ca. 2 Zuckerstücke
- 1 Teller Schoko-Knuspermüsli: ca. 7 Zuckerstücke
- 1 Riegel Schokolade: ca. 4 Zuckerstücke
- 1 Liter Mineralwasser: 0 Zuckerstücke

HINWEIS

Kinder im Alter von vier bis sechs Jahren sollten nicht mehr als zwölf Würfel Zucker täglich zu sich nehmen. (Vgl. Müller-Jung 2016)

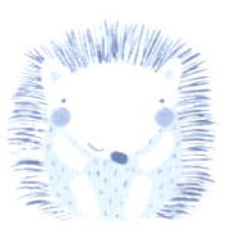

Genau hingeschaut – Kinderlebensmittel unter der Lupe

Mit dem Begriff „Kinderlebensmittel" sind Produkte gemeint, die aufgrund ihrer Aufmachung gezielt Kinder ansprechen wollen. Sie sind meist bunt gestaltet, mit lustigen Figuren, Comics oder Gewinnspielen versehen. Manchmal sind auch kleine Spielzeuge, Sammelbilder, Sticker oder Figuren in den Verpackungen. Kinder sind die Zielgruppe. Weil sie kein eigenes Geld haben bzw. sich Nudeln oder Joghurt in der Regel nicht vom Taschengeld kaufen, sprechen die Produkte auch die Eltern an, die diese bezahlen sollen. Deshalb wird in der Werbung hervorgehoben, dass das Produkt für Kinder gesund sei, wie eine extra Portion Milch oder gesunde Vitamine. Oft befinden sich Bilder glücklicher Familien inmitten gesunder Lebensmittel auf den Produktverpackungen, obwohl das Produkt nicht ansatzweise so gesund ist wie zum Beispiel der abgebildete Apfel. Auch Prominente werden gezielt als Werbeträger*innen eingesetzt und sollen den Käufer*Innen Vertrauen vermitteln, dass das Lebensmittel gesund und damit auch gut ist. (Vgl. Verbraucherzentrale 2018)

Das benötigen Sie: Kinderlebensmittel, „normale" Lebensmittelprodukte (z. B.: Müsli, Nudeln, Getränke, Joghurt, Brotaufstrich, Wurstwaren)

Vorbereitung

Bauen Sie einen Stuhlkreis auf und stellen Sie die Produkte in die Mitte.

So geht's

Die Eltern sitzen im Stuhlkreis und betrachten die Produkte. Sie sollen diese nun mit Kinderaugen anschauen. Zu welchen drei Produkten würden sie greifen? In einer Blitzlichtrunde wird die Wahl benannt und kurz begründet, warum gerade dieses Produkt gewählt wurde. Sicherlich haben die Eltern die Produkte ausgewählt, weil diese aufgrund ihrer Aufmachung entweder Kinder ansprechen (z. B.: bunt, lustige Figuren, Spielbeigaben usw.) oder weil sie etwas Gesundes versprechen (z. B.: extra Milch, Vitamine usw.).

Informieren Sie die Eltern und gehen Sie mit ihnen ins Gespräch:

- Kinder im Kita-Alter sind entwicklungspsychologisch noch nicht in der Lage, Werbung zu erkennen. Sie lassen sich von der Werbung auf den Produkten und auch von der Werbung für diese Produkte im Fernsehen oder Radio ansprechen. Die Werbung weiß, wie sie Kinder erreicht. Kinder stufen Werbung als witzige Unterhaltung ein.

Wahrscheinlich kennt jede*r Erwachsene noch die Werbemelodien aus der eigenen Kindheit.

- Markenbindung durch Werbung: Kennen Sie das auch, dass Ihr Kind nur eine bestimmte (gut beworbene und kindgerecht aufgemachte) Marke von Lebensmittelprodukten möchte? Es muss genau diese Schokolade oder die Weingummisorte sein. Kinder glauben, was die Werbung ihnen verspricht. Erst ab dem Grundschulalter können sie verstehen, was Werbung bezwecken will. (Vgl. Verbraucherzentrale 2018)
- Eltern sind zwar kognitiv in der Lage, Werbung zu durchschauen. Sie fallen aber auch oft auf Werbeversprechen von Kinderlebensmittelprodukten rein und kaufen sie mit dem Gefühl, dass sie der Gesundheit ihrer Kinder etwas Gutes oder zumindest nichts Schlechtes antun. Die Realität sieht aber anders aus.
- In Kinder-Frühstückscerealien sind oft viel Zucker sowie Fette enthalten. Auf der Zutatenliste stehen darüber hinaus viele Stoffe, die auch Zucker sind. Vitamine und Mineralstoffe sind zwar hinzugefügt, sie können aber auch durch eine normale Ernährung mit frischen Lebensmitteln aufgenommen werden. Frühstückscerealien sind deshalb als Süßigkeit einzuordnen!
- Bunte Quark-, Pudding- und Joghurttöpfchen mit bekannten Comicfiguren oder lustigen Tierbildern darauf suggerieren den Eltern: „Milchprodukte sind gesund und mein Kind möchte sie haben. Das kaufe ich." Der Blick auf die Zutatenliste zeigt, dass diese Produkte oft mit viel Zucker angereichert sind. Deshalb zählen sie zu den Süßigkeiten.
- Wurstprodukte in Tierform oder in handlicher Form für kleine Kinderhände unterscheiden sich nur in der Optik zu herkömmlichen Wurstwaren und im teureren Preis. Ähnliches gilt auch für Fischprodukte.
- Sind die Bonbons mit Vitaminen oder der Schokoriegel, der besonders viel Milch enthält, tatsächlich gesünder als andere Süßigkeiten? Die in manchen Produkten extra angereicherten Vitamine und Mineralstoffe können Kinder auch durch den Verzehr herkömmlicher Lebensmittel aufnehmen. (Vgl. Verbraucherzentrale 2020, Kinderlebensmittel: Extrawurst für den Nachwuchs?)

Diese Beispiele verdeutlichen: **Kinder benötigen keine speziellen Lebensmittel.** Da sich die Macher*innen der Kinderlebensmittel an den Geschmacksvorlieben der Kinder orientieren und weniger an ihrem Nährstoffbedarf, sind diese Produkte häufig süßer und fettreicher als herkömmliche Lebensmittel. Die Vitamine und Mineralstoffe, mit denen manche Kinderlebensmittel beworben werden, sind angereichert und überflüssig. Sie sollen den Anschein erwecken, dass das Produkt gesund ist. Kinder können sie jedoch genauso gut über andere Lebensmittel aufnehmen, ohne so viel Fett und Zucker. (Vgl. Verbraucherzentrale 2018)

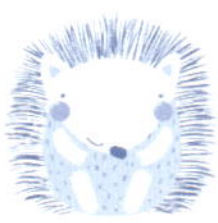

Mit Eltern über Essgewohnheiten sprechen

Wenn Sie merken, dass ein Kind oft Süßigkeiten mit in die Kita bringt, sollte das **direkte Gespräch** mit den Eltern gesucht werden. Von großer Bedeutung ist, dass Ihre formulierte Bitte, dass das Kind keine Süßigkeiten mit in die Kita bringen soll, keinesfalls ein Vorwurf oder gar eine Verurteilung sein sollte. Fühlen und denken Sie sich **empathisch** in die Familiensituation mit ihren sozialen und kulturellen Hintergründen hinein. Oftmals wird dann klar, warum die Eltern diese Essgewohnheiten haben. So ist es beispielsweise möglich, dass ein alleinerziehender Elternteil, der seinem Kind finanziell wenig bieten kann, viel arbeitet und wenig Zeit hat, dem Kind mit einer Süßigkeit in der Brotdose eine Freude machen möchte. Es gibt auch biografische Hintergründe, wie etwa Fluchterfahrungen, die sich im Essverhalten widerspiegeln. So kann es zum Beispiel vorkommen, dass ein Kind stets abgepackte Riegel in der Brotdose hat, weil dieses auf der Flucht die hygienischsten und besten Lebensmittel waren. Auch hier wird deutlich, dass Eltern nur das Beste für ihr Kind wollen.

Essverhalten muss auch **kultursensibel** betrachtet werden. Viele Kinder stammen aus Kulturen, denen Brot mit Aufstrich als Frühstück fremd ist und die zum Beispiel morgens Kartoffeln frühstücken oder Pfannkuchen. Gehen Sie sensibel auf die Eltern ein und erläutern und begründen Sie dennoch sachlich die **Essensregeln in der Kita.** Sicherlich werden die Eltern Ihnen verständnisvoll begegnen und sich bemühen, Ihren Ratschlägen zu folgen. Eine **offene, sensible Kommunikation** hilft über viele Unklarheiten hinweg.

Ein paar Worte zum Schluss

Ernährung soll dem Körper Gutes tun, Freude machen und ein Genuss sein. Wenn Kindern dieses vermittelt werden kann, bringt es mehr als das reine Wissen, dass Süßigkeiten nicht gut sind. Kinder sollen **Genuss an ausgewogener Ernährung** haben und auch das Stück Schokolade und die Handvoll Gummibärchen genießen können. Die Kita hat viele Möglichkeiten, um Kinder an eine ausgewogene Ernährung heranzuführen. Zum einen können spannende Bildungsangebote rund um die Ernährungspyramide gestaltet werden. Zum anderen können kleine Projekte gestartet werden, wie etwa das beschriebene Kita-Café. Darüber hinaus kann Ernährungsbildung täglich stattfinden, nämlich bei jedem Essen. Jeden Tag wird in der Kita gefrühstückt und die meisten Kinder essen auch mittags dort. Dadurch ergeben sich viele Möglichkeiten, ungezwungen mit dem Thema umzugehen und den Kindern bewusst zu machen, wie wichtig eine gesunde Ernährung für sie ist.

Die Kita kann beim Thema Ernährung das ausgleichen, was in einigen Familien möglicherweise zu kurz kommt. Kinder lernen beispielsweise **neue Lebensmittel** kennen und sie lernen, gemütlich in **Gemeinschaft** zu essen. Denn bei all den guten Nährstoffen, die eine gesunde Ernährung den Kindern liefert, soll der **soziale und psychische Aspekt** nicht vergessen werden. Ein ausgewogenes, leckeres Essen mit anderen Kindern und Erwachsenen tut **dem Körper und der Seele** gut. Wenn Kinder dies in der Kita erfahren, haben sie viel gelernt.

Hinweise zu Hygiene, Sicherheit und Allergien

Hygiene- und Sicherheitshinweise

Achten Sie beim Umgang mit Lebensmitteln besonders auf **Hygiene in der Kinderküche/Küchenzeile** der Kita und auf folgende Punkte:

1. Die Geräte und Arbeitsmittel müssen sauber und unbeschädigt sein.
2. Die Tische und Küchenfunktionsbereiche müssen vor und nach jeder Aktion gereinigt und desinfiziert werden.
3. Lebensmittel oder Bedarfsgegenstände dürfen nicht auf den Fußboden gelegt werden. Einkaufstüten, Kartons oder Umverpackungen hingegen dürfen nicht auf die gereinigten Arbeitsflächen gestellt werden.
4. Bei Bedarf muss der Arbeitsplatz auch während der Aktivität gereinigt und desinfiziert werden.
5. Es sollten bevorzugt Einwegtücher verwendet werden. Mehrweg-Reinigungstextilien müssen mindestens einmal pro Tag und bei Bedarf öfter gewechselt werden.
6. Schmutziges Geschirr sollte direkt nach Gebrauch in der Spülmaschine gewaschen werden.
7. Abfälle und Speisereste sollten sofort oder direkt nach der Aktion entsorgt werden.
8. Arbeitsbereiche bzw. Arbeitsgänge sollten in rein und unrein getrennt werden. Wenn ein Kind Kartoffeln schält, sollte direkt daneben kein Pudding gerührt werden.

Überprüfen Sie Lebensmittel vor der Verarbeitung darauf, dass ...

9. sie richtig gekühlt sind (kühlpflichtige Lebensmittel bis max. +7 °C).
10. die Kühlkette (z. B.: auf dem Transport zwischen Supermarkt und Kita) nicht unterbrochen wird. Die Lebensmittel sollten in einer Kühlbox transportiert werden und direkt nach dem Einkauf in den Kühlschrank der Kita kommen.
11. das Mindesthaltbarkeitsdatum nicht überschritten ist.
12. die Behältnisse sauber und unbeschädigt sind.
13. die Lebensmittel unauffällig in Geruch, Geschmack oder Aussehen sind.
14. Gemüse oder Obst nicht verwelkt ist, keine braunen oder fauligen Stellen hat und nicht stark mit Erde verschmutzt ist.

Achten Sie auf die **Hygiene der Kinder** und dass sie ...

15. saubere Schürzen tragen.
16. Armbänder/Armbanduhren/Ringe vor der Aktion ablegen.
17. lange Haare zum Zopf zusammenbinden.
18. vor Beginn der Aktion gründlich die Hände mit Wasser und Seife waschen.
19. wenn sie husten oder niesen müssen, das in die Ellenbeuge und von den Lebensmitteln abgewandt tun. Danach sollten die Kinder die Hände waschen und es müssen ggf. (angenieste) Lebensmittel aussortiert werden.
20. wenn sie eine Wunde haben, diese mit einem wasserdichten Pflaster oder Verband abdecken.
21. zum Abschmecken von Speisen einen eigenen Löffel benutzen.

(Vgl. Verbraucherzentrale NRW 2016)

Insgesamt gilt, dass die **Aufgabenverteilung** dem Entwicklungsstand des jeweiligen Kindes angemessen sein muss. So sollten **kleinere Kita-Kinder** beispielsweise zunächst nur weiche Lebensmittel, wie eine Banane oder eine weiche Birne, schneiden, Obst und Gemüse waschen, bestimmte Zutaten vom Tisch zur Arbeitsplatte bringen oder bereits abgemessene Lebensmittel in eine Schüssel umfüllen. **Ältere Kita-Kinder** sind hingegen schon in der Lage, mit einem Sparschäler Kartoffeln oder Möhren zu schälen und auch härteres Gemüse zu schneiden. Sie können mithilfe der pädagogischen Fachkraft Lebensmittel wiegen oder abfüllen. Unter Aufsicht können sie mit dem Handrührgerät mixen. Hierbei sollte darauf geachtet werden, dass auch immer ein Kind die Schüssel festhält (und auf jeden Fall lange Haare zusammengebunden werden!). Selbstverständlich muss die pädagogische Fachkraft die einzelnen Arbeitsschritte, wie Gemüse schneiden, den Kindern erläutern und sie stets beaufsichtigen. Es sollten zum Schneiden stumpfe Messer genommen werden. Alle Elektrogeräte dürfen nur mithilfe einer pädagogischen Fachkraft genutzt werden und die selbstständige Benutzung von Herd, Ofen und Toaster ist für die Kinder verboten!

Hinweise zu Lebensmittelallergien

Pädagogische Fachkräfte müssen wissen, ob und welche **Nahrungsmittelunverträglichkeiten** oder Allergien Kita-Kinder haben. Bei manchen Allergien kann der Verzehr bestimmter Lebensmittel lebensgefährlich sein. Die Fachkräfte müssen wissen, was welches Kind nicht zu sich nehmen darf, darauf streng achten und wissen, was sie im Notfall tun müssen, wenn das Kind es dennoch zu sich genommen hat. In der Kita müssen ggf. schriftliche Unterlagen und ggf. **Medikamente für den Notfall** schnell erreichbar aufbewahrt sein. Gemeinsam mit den Eltern sollten die Fachkräfte genau durchgehen, was sie in welchem Falle tun müssen.

In der Kita muss das Kind sicher sein. Es sollte immer darauf geachtet werden, dass allergieauslösende Mahlzeiten nicht zum Essen angeboten werden oder auch nicht in Bildungsaktivitäten auftauchen. Auf gruppenübergreifenden Festen und Feiern, bei denen es beispielsweise ein Kuchenbüfett gibt, sollten die **Inhaltsstoffe aufgeschrieben** und für Betreuungspersonen zu lesen sein.

Die **Verantwortung** liegt in jedem Fall bei den Erwachsenen. Jedoch sollten auch das betroffene Kind selbst und die anderen Kinder der Gruppe (sowie deren Eltern) wachsam sein. So sollte beispielsweise jedes Kind mit darauf achten, dass keine Muffins mit Nüssen zur Geburtstagsfeier in die Kita mitgebracht werden, wenn ein Kind eine Nussallergie hat. Es sollte vorher gemeinsam besprochen werden, was das Kind essen darf und mag. Daran sollten sich alle halten. Diese **Information** sollten alle Eltern bekommen (sofern die Eltern des betroffenen Kindes damit einverstanden sind!) und auch Eltern, die neu in die Gruppe kommen, sollten dies gleich zu Beginn erfahren.

ERNÄHRUNGSPYRAMIDE

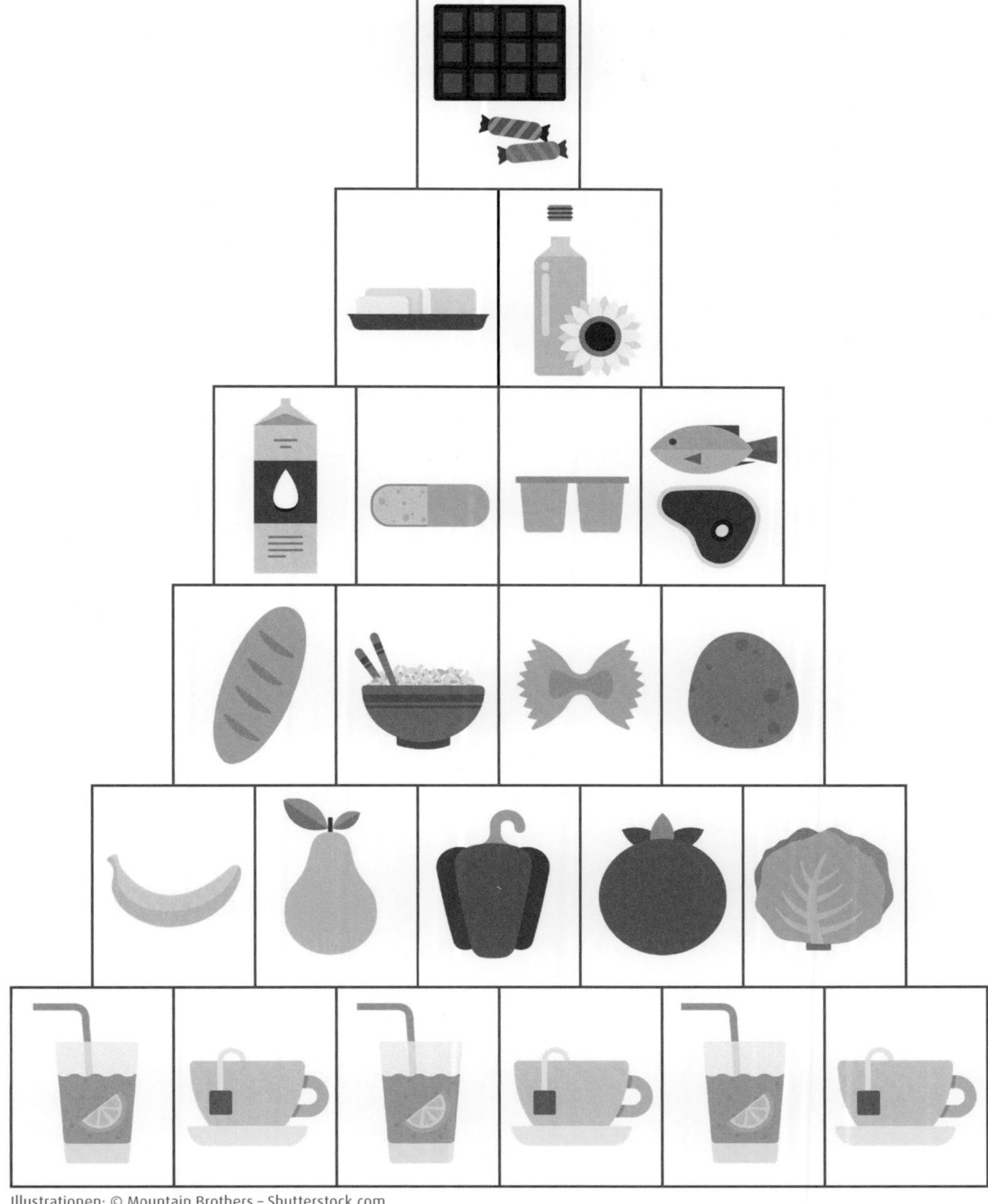

Illustrationen: © Mountain Brothers – Shutterstock.com

DER GROSSE APFELTEST

Name des Kindes: ....

Apfelsorte: ....

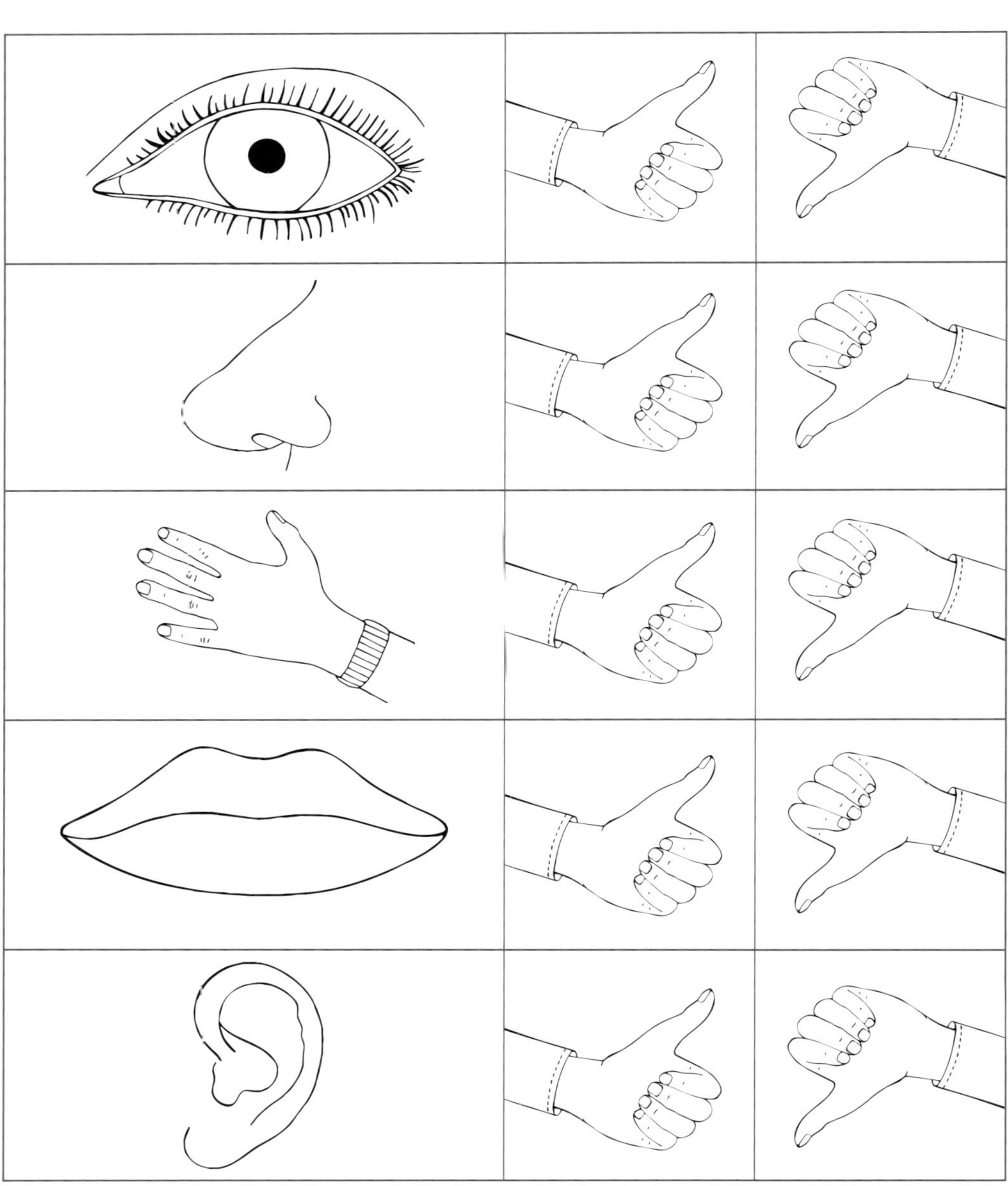

Illustrationen: © Anja Boretzki

BROT-VERKOSTUNG

Name des Kindes: ....

Brotsorte: ....

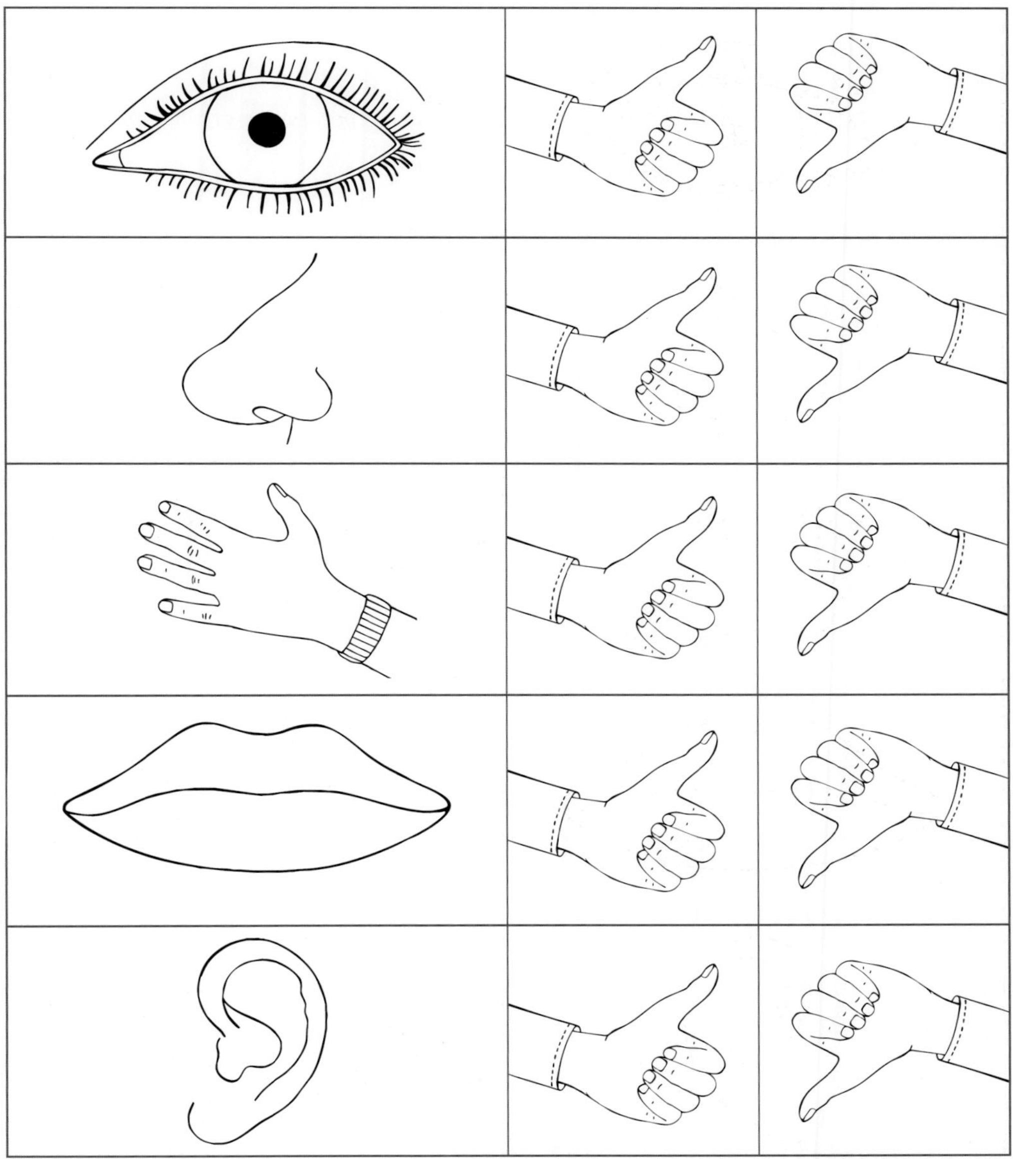

Illustrationen: © Anja Boretzki

Quellen- und Literaturhinweise

Berufsverband der Kinder- und Jugendärzte (2011):
500.000 Kinder in Deutschland leiden Hunger,
in: RP Online, hrsg. RP Digital GmbH,
https://rp-online.de/panorama/deutschland/500000-kinder-in-deutschland-leiden-hunger_aid-13056389 (aufgerufen am 04.05.2021)

Bundeszentrale für gesundheitliche Aufklärung (2019):
Kleine und große Probleme rund ums Essen.
www.kindergesundheit-info.de/themen/ernaehrung/essprobleme/problemsituationen/
(aufgerufen am 04.05.2021)

Bundeszentrum für Ernährung (2020):
Das Beste aus dem Essen.
Sich selbst gut versorgen,
www.bzfe.de/das-beste-aus-dem-essen/ (aufgerufen am 04.05.2021)

Doning, Gudrun (2001):
Ernährung im Kindesalter,
in: Online-Familienhandbuch, hrsg. Staatsinstitut für Frühpädagogik (IFP),
www.familienhandbuch.de/impressum/index.php (aufgerufen am 04.05.2021)

Floto-Stammen, Sonja (2009):
Ernährung.
WAS IST WAS, Band 127,
Tessloff Verlag: Nürnberg

Handelskrankenkasse (HKK):
Kinder nicht zum Aufessen zwingen.
www.hkk.de/themen/ernaehrung/gesund-essen/kinder-nicht-zum-aufessen-zwingen
(aufgerufen am 04.05.2021)

Hofferer, Manfred/Fölkl, Heinz (2015):
Wenn Essen zum Problem wird!
Essstörungen bei Kindern und Jugendlichen,
in: Online-Familienhandbuch, hrsg. Staatsinstitut für Frühpädagogik (IFP),
www.familienhandbuch.de/gesundheit/ernaehrung-probleme/wennessenzumproblemwird.php
(aufgerufen am 04.05.2021)

Hühner-Haltung (2021):
Aufbau der Hühnereier.
www.huehner-haltung.de/wissen/huehnereier/aufbau-der-huehnereier
(aufgerufen am 04.05.2021)

KiGGS (2018):
KiGGS Welle 2 – Erste Ergebnisse aus Querschnitt- und Kohortenanalysen,
Studie des Robert-Koch-Instituts Berlin, in: Journal of Health Monitoring, hrsg. Gesundheitsberichtserstattung des Bundes, gemeinsam getragen von RKI und DESTATIS, Ausgabe März 2018,
www.rki.de/DE/Content/Gesundheitsmonitoring/Gesundheitsberichterstattung/GBEDownloadsJ/Journal-of-Health-Monitoring_01_2018_KiGGS-Welle2_erste_Ergebnisse.pdf?__blob=publicationFile
(aufgerufen am 04.05.2021)

Kinder- & Jugendärzte im Netz (2004):
Frühstück im Kindergarten,
hrsg. Berufsverband der Kinder- und Jugendärzte e. V.,
www.kinderaerzte-im-netz.de/news-archiv/meldung/article/fruehstueck-im-kindergarten/
(aufgerufen am 04.05.2021)

Kinder- & Jugendärzte im Netz (2004):
Unterschiedliches Essverhalten von Mädchen und Jungen,
hrsg. Berufsverband der Kinder- und Jugendärzte e. V.,
www.kinderaerzte-im-netz.de/news-archiv/meldung/article/unterschiedliches-essverhalten-von-maedchen-und-jungen/ (aufgerufen am 04.05.2021)

Maywald, Jörg (2019):
Gewalt durch pädagogische Fachkräfte verhindern.
Die Kita als sicherer Ort für Kinder,
Herder Verlag: Freiburg im Breisgau

Medienwerkstatt (2007):
Was sind eigentlich Lebensmittel?
hrsg. Medienwerkstatt Mühlacker Verlag,
www.medienwerkstatt-online.de/lws_wissen/vorlagen/showcard.php?id=10722&edit=0
(aufgerufen am 04.05.2021)

Müller-Jung, Joachim (2016):
Der Superschurke Zucker und seine Kräfte.
Wie erkläre ich's meinem Kind?
in: Frankfurter Allgemeine Zeitung,
www.faz.net/aktuell/feuilleton/familie/wie-erklaere-ich-s-meinem-kind/kindern-erklaert-warum-zucker-schaedlich-ist-14449280/sechs-teeloeffel-am-tag-genuegen-14449337.html
(aufgerufen am 04.05.2021)

Prokita-Portal (2021):
Ernährung im Kindergarten: Die Basis der Gesundheit.
www.prokita-portal.de/gesundheit-kinder-foerdern/ernaehrung-kindergarten/
(aufgerufen am 04.05.2021)

Rachlé, Sabrina (2014):
Der menschliche Körper. Wunderwerk der Natur.
WAS IST WAS, Band 50,
Tessloff Verlag: Nürnberg

Teichert, Ute (2019):
Internationale Gesundheit,
in: ASU – Zeitschrift für medizinische Prävention,
www.asu-arbeitsmedizin.com/schwerpunkt/einfuehrung-internationale-gesundheit
(aufgerufen am 04.05.2021)

Verbraucherzentrale (2018):
Lebensmittelklarheit.
Kinder im Visier der Lebensmittelwerbung.
www.lebensmittelklarheit.de/informationen/kinder-im-visier-der-lebensmittelwerbung
(aufgerufen am 04.05.2021)

Verbraucherzentrale (2020):
Fette und Öle für Kinder.
www.verbraucherzentrale.de/wissen/lebensmittel/gesund-ernaehren/fette-und-oele-fuer-kinder-5999 (aufgerufen am 04.05.2021)

Getränke für Kinder.
Wieviel sollte mein Kind trinken?
www.verbraucherzentrale.de/wissen/lebensmittel/gesund-ernaehren/getraenke-fuer-kinder-5964 (aufgerufen am 04.05.2021)

Kinderlebensmittel: Extrawurst für den Nachwuchs?
www.verbraucherzentrale.de/wissen/lebensmittel/gesund-ernaehren/kinderlebensmittel-extrawurst-fuer-den-nachwuchs-10725 (aufgerufen am 04.05.2021)

Süßigkeiten und Snacks für Kinder.
www.verbraucherzentrale.de/wissen/lebensmittel/gesund-ernaehren/suessigkeiten-und-snacks-fuer-kinder-6003 (aufgerufen am 04.05.2021)

Vitamine und Mineralstoffe für Kinder von A–Z.
www.verbraucherzentrale.de/wissen/lebensmittel/gesund-ernaehren/vitamine-und-mineralstoffe-fuer-kinder-von-az-5949 (aufgerufen am 04.05.2021)

Verbraucherzentrale (2021):
Tipps zum Speiseplan für Kinder.
www.verbraucherzentrale.de/wissen/lebensmittel/gesund-ernaehren/tipps-zum-speiseplan-fuer-kinder-10729 (aufgerufen am 04.05.2021)

Verbraucherzentrale Bayern (2019):
Wie lagert man Eier richtig?
Essen, Trinken und Genuss – hätten Sie's gewusst?
www.verbraucherzentrale-bayern.de/wissen/haetten-sies-gewusst/wie-lagert-man-eier-richtig-35475 (aufgerufen am 04.05.2021)

Verbraucherzentrale NRW (2016):
Basis-Hygieneregeln im Rahmen von pädagogischen Aktionen.
https://projekte.meine-verbraucherzentrale.de/DE-NW/media238979A.pdf
(aufgerufen am 04.05.2021)

WHO/Europa (2011):
Gesundheit von Kindern und Jugendlichen.
Gesunde Ernährung in der Schule, *www.euro.who.int/de/health-topics/Life-stages/child-and-adolescent-health/news/news/2011/09/healthy-nutrition-in-schools* (aufgerufen am 04.05.2021)

Register der Aktionen zur Ernährungsbildung in der Kita